108
Preguntas
que los Niños
Hacen acerca
de los
Amigos y la
Escuela

108 Preguntas que los Niños Hacen acerca de los Amigos y la Escuela

Colaboradores

David R. Veerman
James C. Galvin
Richard Osborne
J. Alan Sharrer
Ed Strauss

Ilustrado por
Lillian Crump

Traducido por
Bertha Valle

EDITORIAL MUNDO HISPANO

EDITORIAL MUNDO HISPANO
P. O. Box 4256, El Paso, TX 79914, EE. UU. de A.

www.editorialmh.org

Editora: Vilma de Fajardo
Diseño de la portada: Carlos Santiesteban, Jr.

Clasifíquese: Niños
Número de Clasificación Decimal Dewey: 248.82
Tema: Niños

Primera edición: 2001
ISBN: 0-311-38657-1
EMH No. 38657
5 M 7 01

Printed in Belarus
Impreso en Bielorrusia

PRINTCORP. LP № 347 of 11.05.99. Kuprevich St. 18, Minsk, 220141. Or. 01110A. Qty 5000 cps.

CONTENIDO

NOTA DE LOS ESCRITORES

SER AMIGABLE
Nuevos amigos

MAS CERCANO QUE UN HERMANO
Cómo ser un buen amigo

ALTIBAJOS
Las dificultades de la amistad

CAMINO ROCOSO
Cómo aprender a congeniar con otros

EL GRUPO QUE ESTÁ "AL DÍA"
Adaptación a la escuela

SER ACEPTADO
El deseo de ser popular

LA CALIFICACIÓN PERFECTA
Relaciones con los maestros

ASUNTOS DE MATERIAS
El éxito en los estudios

Cuando los niños pierden muchos días de escuela,
  ¿cómo logran pasar? **97**
¿Por qué debemos estudiar computación? **98**

SALVADO POR LA CAMPANA
Elección de otras actividades

¿Por qué alguna gente piensa que el internet es malo? **99**
¿Por qué no tengo suficiente tiempo para jugar? **100**
¿Por qué no tenemos clase de gimnasia todos
  los días? **101**
Cuando estás en casa en el verano y no hay nadie más alre-
  dedor, ¿qué puedes hacer para divertirte? **102**
Mis padres desean que yo juegue fútbol (*soccer*), pero a mí no
  me gusta, ¿qué debo hacer? **103**
Me gusta tocar el piano, pero me fastidia tener que practicar,
  ¿debo dejarlo? **104**
¿Por qué mis padres quieren que me involucre en tantas
  actividades? **105**
¿Por qué el entrenador se preocupa tanto por ganar?
  Así ya no es divertido. **106**
¿Cómo puedo mejorar en el arte? **107**
Yo deseo estar con mis amigos. ¿Por qué tenemos que
  ir tanto al templo? **108**

NOTA DE LOS ESCRITORES

Toda persona tiene una necesidad innata de relacionarse con otros, un deseo de amar y de ser amado. Entonces no es de extrañarse que nuestros niños anhelen tener amistades gozosas y verdaderas, y que, a medida que crecen, esas amistades lleguen a ser lo más importante para ellos. Como resultado de esto nuestros niños preguntarán naturalmente, cómo hacer amigos, cómo ser un buen amigo y cómo navegar en las, a veces tormentosas, aguas de la amistad.

A medida que los niños se van involucrando en la escuela, estas preguntas acerca de los amigos aumentarán, como lo harán, naturalmente, las preguntas acerca de los maestros, las tareas escolares, las clases, y las presiones incipientes de la academia.

Una de estas presiones crecientes es el empuje hacia la popularidad. En realidad, esta presión usualmente es el resultado de asuntos relacionados por la combinación de los amigos y la escuela. Los niños desean ser aceptados y queridos, y disfrutan estar con aquellos niños que aparentemente hacen que las cosas sucedan en la escuela. De esta manera, la popularidad también engendrará una multitud de preguntas, algunas de ellas bastante difíciles.

Contestaciones fáciles a preguntas difíciles son: "¡Yo no sé!", o "¡porque sí!", o "¡porque yo lo digo!" Estas podrían ser contestaciones, pero no son respuestas. Y ciertamente, éstas no ayudan al niño a encontrar la verdad del error.

Estas preguntas difíciles son la razón de este libro. Recopilamos cientos de preguntas que los niños hicieron sobre los amigos y la escuela, así como sobre el tema relacionado con la popularidad. Después identificamos las 108 preguntas

Si usted es padre de niños entre los 3 y los 10 años, o si trabaja con niños de estas edades, seguramente ha escuchado preguntas como estas 108. Si no, las oirá muy pronto.

Después que identificamos pasajes bíblicos pertinentes para cada pregunta, procedimos a responderla, resumiendo la aplicación bíblica a esa pregunta. Estudie los versículos señalados porque la Biblia tiene mucho que decir acerca de las relaciones, tanto en el vecindario como en la escuela. La Biblia no responde cada pregunta directamente, pero ofrece principios que los cristianos deben conocer y seguir.

Al contestar las preguntas de los niños, tenga en cuenta los siguientes asuntos:

- *Las preguntas "tontas" son preguntas serias.* Siempre tome las preguntas de los muchachos seriamente. No se ría de ellos. Algunas preguntas le resultarán "tontas" a usted, pero no lo son para un niño. Tenga cuidado de no ridiculizar las ideas de sus hijos.

- *Algunas preguntas reflejan las preocupaciones personales e inmediatas del niño.* Por ejemplo, cuando una niña pequeña pregunta: "Si mis amigos me ignoran, ¿debo ignorarlos yo también?" (pregunta 33), ella está preguntando sobre sus amigos y no solo de la reacción que ella debe mostrar. Ella sabe que el ser ignorada no es nada divertido y que los niños no deben ignorar a otros amigos. Ella desea tener la seguridad de que los verdaderos amigos no la van a ignorar. Siga usted adelante y responda a la "pregunta detrás de la otra pregunta". Asegúrele a su hijo que los verdaderos amigos no ignoran a sus otros amigos. Si usted sospecha que hay otra pregunta detrás de lo que ellos dicen, pero no sabe cuál es esa pregunta, una buena manera de saberlo es diciendo algo como: "¿Por qué preguntas eso?", o "¿por qué quieres saberlo?"

- *Las mejores respuestas vienen de las Escrituras.* La Biblia no responde a cada curiosidad que viene a nuestra mente, pero es la única fuente de autoridad que tenemos para guiarnos a vivir en este mundo. La mejor manera de prepararse para responder a preguntas como estas es estudiando las Escrituras.
- *Las mejores respuestas evitan discusiones teológicas.* Use palabras comunes. Los niños piensan en términos de su propia experiencia, de modo que los conceptos abstractos tienen poco significado para ellos. En cuanto sea posible hable de cosas, eventos y objetos que ellos pueden imaginar. Describa los olores. Mencione alguna cosa específica. Hable de una acción, tal como correr. Déles algo que "ver" en sus mentes. Si lo pueden "ver", lo podrán entender mejor.
- *Algunas preguntas no tienen respuesta.* Tenga mucho cuidado de no inventar una respuesta cuando no tenga una, o cuando la Biblia no diga nada sobre el tema. Si no tiene una respuesta, dígaselo. O sugiérales buscar la respuesta juntos. Si usted cae en el hábito de inventar respuestas, posteriormente su hijo mezclará la fe con historias y supersticiones que son falsas. Ponga énfasis en las verdades de la Escritura que usted conoce.
- *Algunos niños solo quieren estar preguntando.* Esté listo para preguntas de seguimiento y aclaración y esté dispuesto a seguir hablando. Su respuesta puede conducir a más preguntas. Hacer pensar al niño es la señal de una buena respuesta.

Hemos escrito este libro para ayudarle a responder las preguntas que sus niños hacen acerca de los amigos, la escuela y en cuanto a ser popular. Sinceramente, deseamos y oramos que así sea.

—David R. Veerman, James C. Galvin, Richard Osborne

SER
AMIGABLE

Nuevos amigos

P: ¿CÓMO PUEDO HACER AMIGOS?

R: El primer paso es encontrar los lugares indicados donde podrías encontrar amigos. En la actualidad hay amigos potenciales en todas partes: en tu vecindario, en la escuela, en los equipos deportivos y en el templo. Tal vez ya conozcas muchos niños que podrían llegar a ser buenos amigos. La mejor manera de hacer amigos es siendo amigable. En otras palabras, tú debes ser la clase de persona que a otros les gustaría tener como amigo. Piensa en lo que más te gusta de un amigo y sé esa clase de persona para los demás. Esto, tal vez significa que tú debes mostrar interés en las otras personas y escucharlas con atención. Todos nosotros deseamos tener amigos que escuchen atentamente lo que decimos y que nos tomen en serio. Para tener un amigo, ¡sé un amigo!

VERSÍCULO CLAVE: *Así que, todo lo que queráis que los hombres hagan por vosotros, así también haced por ellos, porque esto es la Ley y los Profetas (Mateo 7:12).*

VERSÍCULOS RELACIONADOS: *Romanos 12:10; Filipenses 2:4*

NOTA A LOS PADRES: *Si su hijo le pregunta cómo puede hacer amigos, aproveche la oportunidad para enseñarle sobre las habilidades sociales. Trate de investigar qué hay detrás de la pregunta. Es posible que a medida que el círculo de amigos de su hijo se amplía, él tenga temor de perder a algunos de sus otros amigos. O tal vez se sienta solitario. Asegúrele que las dificultades de empezar a hacer nuevos amigos es un problema que tiene solución, ¡solo necesita aprender cómo ser un buen amigo!*

P: CUANDO QUIERES HACER AMIGOS, ¿CÓMO SABES LO QUE TIENES QUE DECIR?

ASÍ QUE ESTA COSA MA-RA-BA-BA HACE QUE ESTE DIN-DON SE MUEVA PARA QUE ESTE LÍQUIDO MUCOSO PUEDA HERVIR EN ESTA CURIOSA BOTELLA...

R: La mejor manera de iniciar una conversación con alguien es haciéndoles preguntas personales. Por ejemplo, si la persona está usando una gorra o camiseta de algún equipo deportivo profesional, puedes preguntarle algo acerca del equipo. Si está sosteniendo un libro, puedes preguntarle de qué se trata el libro. Es importante hacerles preguntas sobre ellos mismos. Habla acerca de ellos, no solamente de ti. Busca maneras de halagar a la persona; si sabes de alguna buena calificación o alguna mención honorífica que haya recibido, puedes decir: "¡Bien hecho!" Si alguien tuvo una buena participación en un concierto, puedes decir: "Realmente disfruté mucho de tu presentación". Busca la manera de decir un cumplido sincero. Trata de que los demás se sientan bien con ellos mismos.

VERSÍCULO CLAVE: *Panal de miel son los dichos agradables; son dulces al alma y saludables al cuerpo (Proverbios 16:24).*

VERSÍCULOS RELACIONADOS: *Proverbios 22:11; Romanos 15:2*

NOTA A LOS PADRES: *Usted puede enseñarles a sus hijos cómo iniciar una conversación usando la "dramatización de papeles" con ellos. Esto será divertido, además de una práctica valiosa. Así mismo procure modelar el consejo anterior en las relaciones con sus hijos y con los demás.*

P:

YO QUIERO TENER AMIGOS SIMPÁTICOS, PERO ¿CÓMO PUEDO SABER QUIÉNES SON SIMPÁTICOS?

R: Tú puedes darte una idea de cómo son las personas por su reputación, especialmente si la reputación es buena. Por ejemplo, si escuchas de mucha gente que cierta persona es simpática, seguramente es una buena señal de que es así. Pero algunas veces, la reputación de una persona no es completamente cierta. Por ejemplo, alguien puede decir que un niño es orgulloso cuando en realidad solo es tímido. Sé muy cauteloso de no juzgar a otros antes de conocerlos; dales una oportunidad. La mejor manera de saber si una persona es simpática es conociéndola por ti mismo. Habla con ella. La Biblia dice que las palabras que una persona expresa muestran lo que hay dentro de su corazón. Si una persona habla cosas desagradables o dice bromas sucias, es una señal clara de cómo es verdaderamente. Observa cómo se relaciona con otros. Muy pronto te darás cuenta de si es o no es simpático.

VERSÍCULO CLAVE: *Muchos hombres proclaman su propia bondad; pero un hombre fiel, ¿quién lo hallará? (Proverbios 20:6).*

VERSÍCULO RELACIONADO: *Proverbios 17:17*

NOTA A LOS PADRES: *Diviértanse con esto. Observen las fotos de una revista y pregunte a sus hijos cómo creen que son las personas de las fotos. Luego dialoguen sobre cómo las apariencias, a veces, engañan y lo importante que es conocer bien a una persona. Ayúdelos a identificar los tipos de palabras y de acciones que describen si una persona es o no simpática, y a reconocer que las palabras son como los rayos X del corazón de una persona.*

Ser amigable-Nuevos amigos

P: ¿DÓNDE PUEDO ENCONTRAR AMIGOS?

R: Los amigos potenciales están por todas partes, usualmente muy cerca. Uno de los mejores lugares para buscar un amigo es en un grupo o en una actividad. Si cantas en el coro o juegas fútbol, de seguro que ahí encontrarás amigos. O tal vez alguien que se sienta junto a ti en clase puede resultar ser un buen amigo. También considera a tu iglesia y a tu vecindario. Puedes buscar a alguien que también como tú necesite un amigo. Tal vez haya en el vecindario o en la iglesia una nueva familia con un niño de tu edad. O quizás hayas visto a un niño nuevo en la escuela. Personas así necesitan de amigos. Tal vez tú puedas ser un amigo para ellos.

VERSÍCULO CLAVE: *Compañero soy yo de todos los que te temen y guardan tus ordenanzas (Salmo 119:63).*

VERSÍCULO RELACIONADO: *Salmo 55:14*

NOTA A LOS PADRES: *Ayude a su hijo a aumentar su círculo de amigos; conviértalos en grupos positivos. Por ejemplo, la iglesia ofrece muchas oportunidades en las actividades sociales: clubes bíblicos, coro y así sucesivamente. Además, usted puede ayudar abriendo su casa a otros niños. Haga de su hogar un lugar donde los muchachos quieran estar.*

P:

¿QUÉ DEBO HACER SI TENGO TEMOR DE ACERCARME A ALGUIEN Y PREGUNTARLE: "HOLA, QUIERES SER MI AMIGO"?

R: No tienes que hacer eso. De hecho, esa no es una buena manera de hacer amigos. Esa pregunta realmente deja a la gente sorprendida y no saben cómo responder. Es mejor ir despacio y tratar de conocer a la persona. Puedes hacer esto preguntándole cosas sobre ellos mismos. Deja que la amistad llegue sola, no la forces.

VERSÍCULO CLAVE: *amándoos los unos a los otros con amor fraternal; en cuanto a honra, prefiriéndoos los unos a los otros (Romanos 12:10).*

NOTA A LOS PADRES: *Esta es otra buena oportunidad para la "dramatización de papeles" o para practicar. También puede decirles a sus hijos cómo usted mismo hace amigos.*

P: ¿POR QUÉ NO PUEDO TENER A TODOS COMO AMIGOS?

R: Hay muchos niños, pero poco tiempo para ser un buen amigo de todos. Hay diferentes tipos de amistad: Los mejores amigos (están muy cerca de ti), los conocidos (solo los conoces por nombre). Pero puedes ser amigable con alguien aun sin conocer el nombre. Es bueno que seas amistoso, pero no esperes simpatizarle a todos y que todos lleguen a ser tus amigos. La amistad toma su tiempo. Hay que conversar mucho para conocerse. Sé simpático con todos, pero cultiva la amistad de unos cuantos amigos. Recuerda que aun Jesús, que amaba a todo el mundo, solo tuvo tres amigos muy especiales.

VERSÍCULO CLAVE: *Seis días después, Jesús tomó consigo a Pedro, a Jacobo y a Juan, y les hizo subir aparte, a solas, a un monte alto, y fue transfigurado delante de ellos (Marcos 9:2).*

VERSÍCULOS RELACIONADOS: *Mateo 26:37, 38*

NOTA A LOS PADRES: *Los niños que hacen esta pregunta, pueden sentirse inseguros, sabiendo que no todos desean ser sus amigos. Explíqueles que existen varios niveles de amistad (conocidos, amigos, amigos cercanos, mejores amigos, etc.), y déles ejemplos de su propia vida en cuanto a estos diferentes tipos de amistades. Algunos niños cultivarán fácilmente la amistad de unos cuantos amigos muy cercanos, y tendrán la tendencia a no socializar más allá de este círculo. Otros en cambio tendrán muchos amigos, pero ninguno de ellos será muy cercano. Ambos, los amigos ocasionales y los amigos muy cercanos son de gran ayuda y traen felicidad a nuestra vida. Es natural inclinarse hacia uno u otro lado, pero deberíamos ayudar a nuestros hijos a desenvolverse en ambas áreas.*

P: ¿POR QUÉ ALGUNOS NIÑOS NO DESEAN TENER AMIGOS?

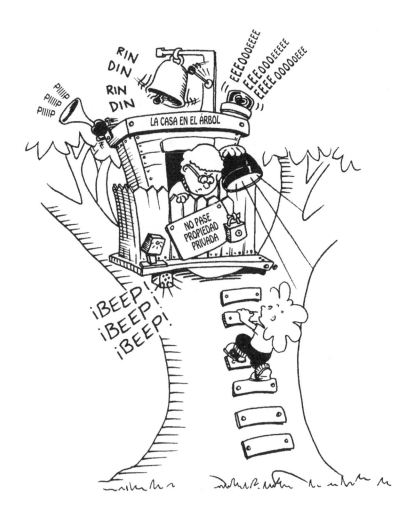

R: Algunos pueden ser tímidos. O tal vez tienen miedo. Pueden tener temor de conocer gente nueva si no saben cómo hacerlo. Posiblemente son nuevos en la escuela o en el vecindario. Algunos otros niños disfrutan al hacer las cosas solos en vez de hacerlas con otros, o tal vez algunos hayan tenido malas experiencias con otros niños que los han rechazado o se han burlado de ellos. Si les ha sucedido esto, no quieren volver a intentar con un amigo. Puede parecer que algunos de ellos no desean tener amigos, pero quizás no los conoces bien. Tú podrías ser un buen amigo de ellos.

VERSÍCULO CLAVE: *He aquí la hora viene, y ha llegado ya, en que seréis esparcidos cada uno por su lado y me dejaréis solo. Pero no estoy solo, porque el Padre está conmigo (Juan 16:32).*

PREGUNTAS RELACIONADAS: *¿Qué se siente al no tener amigos? ¿Los solitarios tratan de hacer amigos?*

NOTA A LOS PADRES: *Tal vez sus hijos han sido desairados en su intento de ser amigos de otros niños. Si éste fuera el caso, anímelos a continuar siendo amistosos con esos niños, pero también a buscar amigos más cercanos en otra parte.*

P: ¿CÓMO DEBO TRATAR A LOS NIÑOS QUE SON DIFERENTES?

8

R: Los niños difieren en muchas maneras: en la raza, en las culturas, o en la estatura. Algunos incluso pueden ser física o mentalmente discapacitados. Aun las personas de la escuela o el vecindario pueden hablar diferentes idiomas. No está bien burlarse o ignorarlas por esas diferencias. El que los niños sean diferentes no significa que están mal o que debamos tenerles miedo. Dios es quien ha hecho las diversas razas y ha dado a las personas las habilidades para hacer las cosas de maneras distintas. Aun cuando la gente no piense igual sobre Dios, él quiere que seamos amables y nos respetemos unos a otros. No importa qué tan diferentes sean los niños, Dios quiere que los tratemos como a nosotros nos gustaría ser tratados.

VERSÍCULO CLAVE: *Entonces la mujer samaritana le dijo: —¿Cómo es que tú, siendo judío, me pides de beber a mí, siendo yo una mujer samaritana? —porque los judíos no se tratan con los samaritanos (Juan 4:9).*

VERSÍCULOS RELACIONADOS: *Mateo 25:37-40; Lucas 19:1-5*

PREGUNTAS RELACIONADAS: *¿Por qué algunos niños no juegan con otros que son diferentes o que tienen algún problema? ¿Por qué algunos niños tienen que andar en silla de ruedas?*

NOTA A LOS PADRES: *Las escuelas y las comunidades varían. Cada escuela tendrá niños diferentes a los demás. Ayude a su hijo a disfrutar y a experimentar esta diversidad. Invítelos a comer comidas étnicas. Destaque los puntos buenos de otras culturas. Llévelos a visitar pacientes con necesidades especiales dentro de un hospital. Cuanto más ayude a su hijo a experimentar las diferencias, más confortable se sentirá con ellas.*

P: ¿POR QUÉ A LOS PADRES NO LES AGRADAN TUS AMIGOS SOLO PORQUE TIENEN EL CABELLO VERDE O ALGO PARECIDO?

9

R: Los padres desean lo mejor para sus hijos; saben que los amigos son una gran influencia. Así que, cuando ven un cabello verde se sorprenden o se asustan, y no saben qué pensar. Ellos saben que el usar el cabello verde puede ser una forma que los niños tienen para expresarse o llamar la atención. Pero también puede ser su manera de rebelarse contra sus padres. Tus padres no creerán que tú también quieres teñirte el cabello verde, pero pueden pensar que puedes tener la misma mala actitud de tu amigo. No es la ropa, o el cabello lo que les preocupa a tus padres, sino lo que esto significa para tu amigo. ¿Qué clase de impresión causas a otros padres por la forma como te vistes o actúas?

VERSÍCULO CLAVE: *No os conforméis a este mundo; más bien, transformaos por la renovación de vuestro entendimiento, de modo que comprobéis cuál sea la voluntad de Dios, buena, agradable y perfecta (Romanos 12:2).*

PREGUNTA RELACIONADA: *Cuando los niños parecen toscos, ¿por qué los padres piensan que son groseros y no simpáticos?*

NOTA A LOS PADRES: *Es importante conocer bien a los amigos de sus hijos. Tenga cuidado de no juzgarlos por su apariencia. Invite a los amigos a su casa. Si nota que dicen malas palabras, tienen una mala actitud u otras tendencias negativas, discútalo con sus hijos. No haga un escándalo por la apariencia, a menos que sea muy evidente que la actitud exterior es la causa de un problema interno.*

P: ¿POR QUÉ LOS PADRES NO TE DEJAN ESCOGER TUS PROPIOS AMIGOS?

10

R: La mayoría de los padres tratan de permitir que sus hijos elijan a sus propios amigos, pero algunas de estas selecciones no parecen ser muy buenas. Usualmente tus padres saben más que tú sobre la familia de tus amigos; y ellos desean que tú te rodees de padres, madres, hermanos y hermanas buenos y positivos de las otras familias. Habla de esto con tus padres. Dios te ha dado padres con algún propósito. Ellos te conocen bien. Tus padres te pueden ayudar a encontrar buenos amigos.

VERSÍCULO CLAVE: *Escucha, hijo mío, la disciplina de tu padre, y no abandones la instrucción de tu madre (Proverbios 1:8).*

VERSÍCULOS RELACIONADOS: *Proverbios 13:1; Efesios 6:1-3*

NOTA A LOS PADRES: *No teman involucrarse en ayudar a sus hijos a encontrar los amigos adecuados. No escojan por ellos, sino guíenlos. Si ellos realmente quieren hacer amistad con alguien que no es una buena elección para ser un amigo cercano, éste puede ser un amigo ocasional a quien podrían ver muy de vez en cuando.*

P:

ALGUNAS VECES, CUANDO ME JUNTO CON ELLOS, MIS AMIGOS, HACEN COSAS MALAS. ¿QUÉ DEBO HACER?

11

R: Si los muchachos con los que te juntas empiezan a hacer o planear algo que no está correcto, diles que no lo hagan; sé firme, pero amable. No te enfades ni grites, sólo explícales que lo que están haciendo está mal. Puedes sugerirles hacer otra cosa. Si no funciona, debes dejarlos. Si estos muchachos no desean más ser tus amigos, o si continúan haciendo cosas equivocadas, entonces, ellos no son la clase de amigos que tú debes tener. Cuando algo así suceda, asegúrate de discutirlo con tus padres.

VERSÍCULO CLAVE: *El que anda con los sabios se hará sabio, pero el que se junta con los necios sufrirá daño (Proverbios 13:20).*

VERSÍCULOS RELACIONADOS: *Juan 17:15; Efesios 5:11; 3 Juan 1:11*

PREGUNTA RELACIONADA: *¿Cómo puedes saber si tú encajas con toda la gente de tu grupo?*

NOTA A LOS PADRES: *Dígales a sus hijos que pueden hablar con usted acerca de asuntos como este. Dígales que usted no asumirá que ellos también son malos, y que está feliz de que quieran hacer lo que es correcto. Enfatice más lo bueno que ellos hicieron, que lo malo que son sus amigos. El hecho de buscar su consejo demuestra la madurez que sus hijos tienen para tomar las decisiones correctas en cuanto a sus propias amistades, con un poquito de guía de parte de usted.*

P: ¿QUÉ DEBO HACER CUANDO A MIS ANTIGUOS AMIGOS NO LES AGRADAN MIS NUEVOS AMIGOS?

12

R: Tú no puedes controlar los sentimientos de las demás personas, así que no puedes hacer que a una persona le agrade otra. Tal vez tus antiguos amigos no conocen a tus nuevos amigos y tú puedes ayudarlos a que se conozcan. Si un grupo de amigos critica al otro, tú puedes ponerte de parte de aquellos que han sido criticados. Esa es la señal de un amigo de verdad. No te dejes arrastrar por el impulso de rechazar a un grupo de amigos por otro, es posible tener más de un grupo de amigos. Tú puedes tener amigos en el templo, amigos en la escuela, amigos que también son tus familiares, y amigos en tu vecindario.

VERSÍCULOS CLAVE: *Y cuando Pedro subió a Jerusalén, contendían contra él los que eran de la circuncisión, diciendo: "¡Entraste en casa de hombres incircuncisos y comiste con ellos!" (Hechos 11:2, 3).*

VERSÍCULOS RELACIONADOS: *Proverbios 27:10; Hechos 11:1-18; Gálatas 2:11-16*

PREGUNTA RELACIONADA: *¿Cómo puedo saber si a mis antiguos amigos todavía les simpatizo, aun cuando tenga nuevos amigos?*

NOTA A LOS PADRES: *Las amistades cambian, y ello puede ser duro para los niños. Es doloroso ver desvanecerse una buena relación amistosa, cualquiera que sea la razón. Normalmente hay cambios cuando llegan nuevos niños al vecindario. Habrá cambios más grandes aún cuando su hijo entre a la escuela secundaria y cuando vaya a la universidad. Anime a sus hijos a aprender ahora a no ceder a la presión de rechazar a otros amigos. Déles sugerencias sobre cómo ser amistosos con ambos grupos, sus antiguos y sus nuevos amigos.*

Ser amigable-Nuevos amigos

MÁS CERCANO QUE UN HERMANO

Cómo ser un buen amigo

P: ¿CUÁL ES LA DIFERENCIA ENTRE SER LOS MEJORES AMIGOS Y SOLO SER AMIGOS?

13

R: "Mejores amigos" es una forma de decir "amigos muy cercanos". La diferencia entre los amigos muy cercanos y los demás, es que con los amigos muy cercanos pasas más tiempo y puedes hablar sobre muchas más cosas. Además, los amigos muy cercanos siguen junto a ti cuando tienes problemas o estás de mal humor. Puedes tener muchos amigos, pero solo unos cuantos amigos muy cercanos. Debes ser muy cauteloso en seleccionar a tus amigos muy cercanos. Ellos deben de agradar a Dios y hacer lo correcto, como lo haces tú. Es muy difícil ser un amigo muy cercano de niños que no ven la vida de la misma manera que tú.

VERSÍCULO CLAVE: *Aconteció que cuando David terminó de hablar con Saúl, el alma de Jonatán se quedó ligada a la de David, y Jonatán le amó como a sí mismo (1 Samuel 18:1).*

VERSÍCULOS RELACIONADOS: *Proverbios 27:6, 17*

NOTA A LOS PADRES: *Alguien puede ser el mejor amigo de su hijo una semana, y a la siguiente semana serlo de alguien más. Esté disponible para darle consejo y apoyo cuando descubra que su hijo está haciendo nuevas amistades. Anímelo a invitar amigos cristianos a casa, y trate de decir que sí a actividades y salidas con estos niños. Puede ser más reservado con otra clase de permisos, pero no siempre diga que no. Y asegúrese de siempre explicar sus razones.*

P: ¿PUEDES LLAMAR MEJOR AMIGO A MÁS DE UNO?

14

R: ¡Por supuesto! Pero si "mejor" realmente quiere decir "mejor", entonces la respuesta es no. Solo uno puede ser el mejor en todo. Pero el mejor "amigo" usualmente quiere decir un amigo muy cercano. En este caso, sí, si puedes tener varios amigos muy cercanos. Trata de no señalar a una sola persona como tu "único y mejor amigo". Hacer esto puede hacer sentir mal a tus otros amigos muy cercanos, y hacerlos pensar que ya no te agradan. Solo porque algunos amigos no son tus mejores amigos, no significa que no puedes ser amistoso, o pasar algún tiempo con ellos. Quién sabe, tal vez más tarde se convertirán en tus mejores amigos.

VERSÍCULO CLAVE: *En todo tiempo ama el amigo, y el hermano nace para el tiempo de angustia (Proverbios 17:17).*

VERSÍCULO RELACIONADO: *Gálatas 6:10*

NOTA A LOS PADRES: *Tendemos a usar en exceso los extremos y los superlativos como "mejor". Anime a su hijo a tener más de un amigo muy cercano, en vez de limitar su amistad a solo una persona. También ayúdelo a entender que un círculo de amigos muy cercanos no debe necesariamente convertirse en un círculo exclusivo de amigos.*

P:

LOS PADRES DE MI AMIGO SE VAN A DIVORCIAR. ¿QUÉ PUEDO HACER?

15

R: Sé un buen amigo: escúchalo y dale tu apoyo. Ora por él o ella y por sus padres. Recuerda que tú no puedes hacer nada sobre la relación que sus padres tienen entre ellos. Ellos tienen que resolverlo solos. Posiblemente no sepas mucho de cómo han sucedido las cosas en casa de tu amigo, y eso está bien. Ser un amigo significa estar ahí para hablar, escuchar y cuidar de tu amigo. Justo ahora él te necesita.

VERSÍCULO CLAVE: *Os alentaría con mi boca, y el movimiento de mis labios traería alivio (Job 16:5).*

VERSÍCULOS RELACIONADOS: *Job 2:11; Salmo 35:14; Proverbios 27:9*

NOTA A LOS PADRES: *Cuando ocurre el divorcio en otras familias, su hijo puede temer que esto le pueda suceder a su propia familia. Asegúrele de su compromiso con Cristo y del uno para el otro. Explíquele que ustedes intentan permanecer casados, que no tiene de qué preocuparse.*

P: ¿POR QUÉ LOS AMIGOS SE MOLESTAN CONTIGO CUANDO LES DICES LA VERDAD?

16

R: La verdad hiere, especialmente cuando alguien apunta a una cosa negativa en nuestra vida. Algunas veces decirle la verdad a los amigos puede hacerlos sentir incómodos. Pero no solo porque algo sea verdad tienes que decirlo. De hecho algunas veces puedes pensar que estás "diciendo la verdad" cuando solo estás haciendo alarde de algo. Por ejemplo, puedes encontrarte diciendo algo como: "Yo canto mejor que tú". No hagas esto, no te compares con otros. En vez de ello, busca maneras positivas de halagar a tus amigos.

Debes ser sensible a los sentimientos de los demás. Hay momentos correctos e incorrectos para decir la verdad. Si tienes un mensaje importante que tal vez es doloroso, espera a decírselo a tu amigo en privado, en vez de hacerlo frente a todos. Además, la *manera* en que digas algo significa tanto como *lo que* dices. Siempre recuerda ser amable y suave.

VERSÍCULO CLAVE: *sino que, siguiendo la verdad con amor, crezcamos en todo hacia aquel que es la cabeza: Cristo (Efesios 4:15).*

VERSÍCULOS RELACIONADOS: *2 Samuel 12:1-12; Proverbios 27:6; Eclesiastés 3:7*

PREGUNTA RELACIONADA: *¿Por qué no puedes mentirles a tus amigos?*

NOTA A LOS PADRES: *Esta es una buena oportunidad para explicarle a su hijo cómo tener tacto y cómo decir la verdad con amor en lugar de hacerlo en forma hiriente. Las verdades hirientes normalmente se dicen durante una discusión. Ayude a sus hijos a entender que aunque no es malo estar en desacuerdo con alguien, debemos hacerlo con amor.*

P: CUANDO ESTÁS HABLANDO CON ALGUIEN, ¿CÓMO SABES SI REALMENTE ESTÁ ESCUCHÁNDOTE?

17

R: La gente que te escucha con atención te mira cuando estás hablando, no miran a la televisión o a otras personas. Normalmente comentarán algo sobre lo que tú estás diciendo. Si quieres estar seguro de que te están escuchando, puedes preguntar algo, de vez en cuando, sobre lo que estás hablando. Por ejemplo, puedes preguntar: "¿qué piensas?"; si la otra persona dice: "¿qué?" o "¿cómo?", tú podrás saber que esa persona no ha estado escuchando.

A todos nos gusta hablar con alguien que sabe escuchar. He aquí tres pasos para ser un buen oyente: 1) MIRE: Deje lo que esté haciendo y mire a la persona que le está hablando. Déle a esa persona toda su atención. 2) ESCUCHE: Concéntrese en lo que la persona está diciendo y trate de entender. No interrumpa. 3) RESPONDA: Diga algo con relación a lo que la otra persona le ha estado diciendo. Comente o haga preguntas; no solo murmure algo y cambie el tema. ¿Qué clase de oyente es usted?

VERSÍCULOS CLAVE: *Hijo mío, si aceptas mis palabras y atesoras mis mandamientos dentro de ti, si prestas oído a la sabiduría e inclinas tu corazón al entendimiento (Proverbios 2:1, 2).*

VERSÍCULOS RELACIONADOS: *Ezequiel 33:30, 31; Lucas 19:45-48*

NOTA A LOS PADRES: *Considere qué tan bien escucha usted a sus hijos. Cuando hable con ellos, asegúrese de mirarlos y de no interrumpirlos. Y luego comente algo de lo que ellos están diciendo. Déles toda su atención. Sea un buen ejemplo, siguiendo los puntos anteriores.*

P: ¿POR QUÉ LOS AMIGOS HABLAN DE TI A TUS ESPALDAS?

¡BÉSAME!

18

R: Todos somos pecadores y por eso hacemos cosas malas. Aun lastimamos a las personas que más amamos. Duele cuando los amigos hacen eso, pero sucede. La mayoría de los niños que dicen cosas malas de otros no se dan cuenta de que eso está mal y que hieren. No han aprendido que no solo están lastimando a otros, pero también lo están haciendo a sí mismos cuando ahuyentan a sus amigos. Algunos hacen cosas presionados por otros y hacen lo que los otros dicen, aun en contra de un amigo. Otros repiten cosas que han escuchado sobre otros sin haber hablado con aquella persona, para saber si es verdad lo que se ha dicho. Esto se conoce como "chisme". Esparcir rumores puede realmente dañar a otras personas. La Biblia dice que la murmuración es mala, lastima a las personas y rompe las amistades.

VERSÍCULO CLAVE: *Pero me temo que quizás, cuando llegue, no os halle tales como quiero, y que yo sea hallado por vosotros tal como no queréis. Temo que haya entre vosotros contiendas, celos, iras, enojos, disensiones, calumnias, murmuraciones, insolencias y desórdenes (2 Corintios 12:20).*

VERSÍCULOS RELACIONADOS: *Salmo 41:7; Proverbios 16:28; 18:24; Romanos 1:29, 30*

PREGUNTAS RELACIONADAS: *¿Por qué tus amigos dicen secretos sobre ti? ¿Por qué mis amigos no me dicen todo lo que saben?*

NOTA A LOS PADRES: *¿Qué ejemplo le está dando a su hijo? Evite el chisme. Un buen momento para enseñar a los niños la diferencia entre murmurar y comentar hechos es cuando ellos le dicen algo sobre algún problema entre ellos y otro niño. Enseñe a sus hijos cómo comentar hechos reales sin hacer juicios.*

P: ¿POR QUÉ MI AMIGO NO ME DEJA JUGAR CON SUS COSAS?

19

R: Tu amigo puede tener temor de que sus cosas se dañen o se usen mal. Tal vez alguien más jugó recientemente con alguno de sus juguetes y se lo rompió. Recuerda que las cosas pertenecen a tu amigo, así que respeta sus deseos. Si tú quieres jugar con las cosas de tu amigo, pídele permiso y prométele que vas a cuidar de ellas. Si él te lo permite, muéstrale lo muy cuidadoso que tú puedes ser. Si te dice que no, acéptalo y no insistas. Déjalo así.

VERSÍCULO CLAVE: *Honrad a todos; amad a los hermanos; temed a Dios; honrad al rey (1 Pedro 2:17).*

NOTA A LOS PADRES: *Explique a sus hijos que aunque las personas son más importantes que las posesiones, el mal uso de la propiedad de alguien más puede romper una buena relación. La clave es respetar al amigo. Mostrar respeto a un amigo implica respetar su propiedad. Por otra parte, anime a su hijo a estar dispuesto a compartir sus cosas. La expresión: "Tengo miedo de que se vaya a romper", puede ser una excusa para ocultar el egoísmo.*

P: ¿POR QUÉ NO PUEDO IR A LA CASA DE MI AMIGO CON TANTA FRECUENCIA?

TENGO LECCIONES DE NATACIÓN LOS LUNES, LECCIONES DE VIOLÍN LOS MARTES, GIMNASIA LOS MIÉRCOLES, REUNIÓN DE NIÑOS EXPLORADORES LOS JUEVES, Y EL VIERNES ES MI NOCHE DE INTERNET. PERO PUEDO VERTE ENTRE MI CITA CON EL DENTISTA Y MI RUTA DE ENTREGA DE PERIÓDICOS EL SÁBADO POR LA MAÑANA. ¡SIEMPRE TENGO TIEMPO PARA MI MEJOR AMIGO!

20

R: Si tus padres dicen que no puedes ir a la casa de tu amigo con tanta frecuencia, pregúntales por qué. Tal vez no conocen bien a tu amigo. Eso lo puedes arreglar trayendo a tu amigo a tu casa. Por otro lado, si tu amigo no te invita con tanta frecuencia como quisieras es tal vez porque sus padres no se lo permiten. Ellos pueden tener diferentes razones, así que no culpes a tu amigo. Quizás tu amigo está ocupado con otras actividades y no tiene mucho tiempo libre.

Por supuesto, podría ser que tú deseas ir a la casa de tu amigo todos los días. Si este es el caso, tus padres tal vez no quieran que abuses de la hospitalidad de los otros.

VERSÍCULO CLAVE: *Detén tu pie de la casa de tu vecino, no sea que se harte de ti y te aborrezca (Proverbios 25:17).*

PREGUNTA RELACIONADA: *¿Por qué ir a dormir en casa de alguien es mejor que dormir solo?*

NOTA A LOS PADRES: *Enseñe a sus hijos algunos principios para una moderada y mutuamente justa hospitalidad. Asegúrese de que su hijo conoce y pone en práctica las normas elementales de urbanidad. Recuérdeles que siempre es un placer tener cerca a la gente cortés, amable y comedida, y que por lo general esta clase de personas son invitados a volver.*

P: ¿POR QUÉ MIS PADRES NO ME DEJAN IR A LUGARES ESPECIALES CON MIS AMIGOS?

21

R: ¿Cuáles son esos lugares tan especiales para ti? ¿el cine?, ¿el centro comercial?, ¿una heladería? Varios de estos lugares pueden parecer especiales, pero tus padres saben que muchas cosas pueden suceder ahí. Ellos quieren saber si habrá adultos presentes, porque aun el lugar más seguro puede convertirse en peligroso en un segundo. Tus padres te aman y no desean que salgas lastimado o te metas en problemas. Esto significa que tal vez no te dejarán ir solo a ciertos lugares, ni en compañía de tus amigos. Cuando ellos te permitan ir a lugares especiales, sé extremadamente responsable y obediente. Es probable que tus padres te concedan más permisos si te ven actuar responsablemente.

VERSÍCULO CLAVE: *Obedeced a vuestros dirigentes y someteos a ellos, porque ellos velan por vuestras almas como quienes han de dar cuenta; para que lo hagan con alegría y sin quejarse, pues esto no os sería provechoso (Hebreos 13:17).*

VERSÍCULO RELACIONADO: *Proverbios 22:3*

PREGUNTAS RELACIONADAS: *¿Por qué los demás tienen privilegios especiales y yo no? ¿Por qué mis amigos van a más lugares especiales que nuestra familia?*

NOTA A LOS PADRES: *Como líderes espirituales de nuestros hijos, algunas veces los sobreprotegemos. Aunque, gradualmente, tendremos que dejarlos ir. Este proceso se inicia cuando los hijos son jovencitos. Muéstreles que usted les ama y que confía en ellos, permitiéndoles ir a ciertos lugares con sus amigos. Pero cerciórese de que estos lugares son seguros y que habrá supervisión por adultos responsables.*

P: ¿POR QUÉ SIEMPRE DEBEMOS RESCATAR A NUESTROS AMIGOS CUANDO SE METEN EN PROBLEMAS?

22

R: Dios dice que debemos ayudar a aquellos que están en dificultades, aun a nuestros enemigos. Esto es lo que significa amar, y de esta manera podremos enseñar a otros del amor de Dios. Tú puedes ayudar a tus amigos cuando están en problemas. Esto significa ser un buen amigo de ellos. Sin embargo, hay un límite en cuanto a lo que tú puedes hacer. Pero tus padres y otros adultos sí pueden ayudar. No debes mentir por tus amigos, ni inventar excusas para ayudarlos. Algunas veces dejar que los amigos aprendan a resolver sus propios problemas es la mejor cosa que puedes hacer para ayudarlos.

VERSÍCULO CLAVE: *Nadie tiene mayor amor que éste, que uno ponga su vida por sus amigos (Juan 15:13).*

VERSÍCULOS RELACIONADOS: *Salmo 107:6; Proverbios 19:19*

PREGUNTA RELACIONADA: *¿Cómo puedo ayudar si mi amigo está castigado en casa?*

NOTA A LOS PADRES: *Es bueno que sus hijos aprendan cómo ayudar a otros; pero no tema intervenir cuando los amigos están tratando de aprovecharse de la buena voluntad de sus hijos. Los niños desean ayudar a sus amigos y, automáticamente, tratarán de defender y proteger a otro niño que está en problemas por haber hecho algo malo. Ayude a sus hijos a comprender que a veces ellos podrán ayudar a sus amigos, pero que en otras ocasiones será mejor permitir que esos niños experimenten las consecuencias de sus acciones.*

P: ¿QUÉ DEBO HACER SI MI AMIGO SINTONIZA LA TELEVISIÓN EN UN PROGRAMA QUE NO ME ES PERMITIDO MIRAR?

23

R: Tú puedes explicarle a tu amigo que no se te permite mirar ese programa, y pedirle que cambie de canal. Si eso no funciona puedes disculparte e irte a otra habitación o aun a tu casa, pero diciéndole a tu amigo, de manera muy amable, cómo te sientes. Tú puedes explicarle por qué tus padres no te permiten mirar ese programa. Esto puede ayudar a tu amigo a hacer selecciones más sabias cuando se trate de mirar televisión. También puedes decirle que tus padres podrían molestarse mucho si se enteran de que viste ese programa, y no vale la pena arriesgarse. Luego, puedes sugerirle alguna otra cosa para hacer.

VERSÍCULOS CLAVE: *No pondré delante de mis ojos cosa indigna; aborrezco la obra de los que se desvían. Esta no se me pegará. El corazón perverso será apartado de mí; no reconoceré al malo (Salmo 101:3, 4).*

VERSÍCULOS RELACIONADOS: *Proverbios 1:10; 1 Corintios 10:13; 2 Timoteo 2:22*

PREGUNTA RELACIONADA: *¿Por qué algunas veces los niños tienen pesadillas sobre las películas que han mirado?*

NOTA A LOS PADRES: *Regular el tiempo y qué miran sus hijos en la televisión es más fácil de decir que de hacer. Hable con ellos de los programas y los vídeos específicos que usted objeta. Permítales conocer sus expectativas y sus razones. Asegúreles que a cualquier edad y en cualquier momento ellos pueden llamarlo si acaso la situación se pone fuera de control; y que usted irá a recogerlos donde estén.*

ALTIBAJOS

Las dificultades
de la amistad

P: ¿POR QUÉ ALGUNOS AMIGOS SE DERRIBAN ENTRE SÍ?

24

R: Algunas veces esperamos demasiado de nuestros amigos, y aun nos sentimos decepcionados cuando ellos no hacen algo por nosotros. Algunos de nuestros amigos pudieran estar teniendo un mal día y aun estar luchando con sus propios problemas. En momentos así, será muy difícil que tu amigo te pueda ayudar. O bien podría ser que tus amigos ni siquiera están enterados de tus problemas. Quizá ni se han dado cuenta de que te han humillado. Está bien que expreses tu disgusto y les expliques cómo te sientes. Habla con tus amigos, y en forma amable diles cómo te sientes. Eso les ayudará tanto a ti como a ellos a aprender cómo ser mejores amigos.

VERSÍCULO CLAVE: *El justo sirve de guía a su prójimo, pero la conducta de los impíos los hace errar (Proverbios 12:26).*

VERSÍCULOS RELACIONADOS: *Proverbios 20:6; Marcos 14:44-50; 2 Timoteo 4:16*

PREGUNTA RELACIONADA: *¿Por qué mis amigos me decepcionan cuando yo he sido honesto con ellos?*

NOTA A LOS PADRES: *Esta situación le brinda una buena oportunidad para explicarles a sus hijos que la amistad tiene sus altibajos. Esto es normal. Es también una buena oportunidad para animarlos a tener varios buenos amigos y no solo uno como su mejor amigo.*

P:

SI UN AMIGO ME PIDE QUE GUARDE UNA PROMESA, Y ES ALGO QUE NO ESTÁ BIEN, ¿DEBO HACERLO?

25

R: Nunca jamás. Tú no debes guardar una promesa si alguien va a ser lastimado por hacerlo. Si tu amigo te dice: "Te voy a decir algo, pero tienes que prometerme que no vas a decírselo a nadie"; tú le puedes responder: "No puedo prometerte eso si lo que me vas a decir es algo malo". Hazle saber a tu amigo que no puedes hacer ninguna promesa que esté en contra de tu promesa de obedecer primero a Dios. Es mejor decirle a tu amigo cuáles son las promesas que tú sí puedes guardar. Entonces sí, cuando prometas algo, asegúrate de mantener tu promesa.

VERSÍCULO CLAVE: *y no tengáis ninguna participación en las infructuosas obras de las tinieblas; sino más bien, denunciadlas (Efesios 5:11).*

PREGUNTA RELACIONADA: *Cuando los amigos rompen sus promesas, ¿significa que no quieren hacer lo que dijeron, o es que se olvidaron de su promesa?*

NOTA A LOS PADRES: *Usted puede ser el modelo apropiado para mantener promesas con sus hijos. Asegúrese de guardar el secreto de cosas que ellos comparten con usted. Sin embargo, dígales que si alguien va a salir lastimado, usted no se mantendrá callado.*

P: ¿POR QUÉ MI MEJOR AMIGO NO PUEDE QUEDARSE CONMIGO Y NO MUDARSE?

26

R: Duele mucho cuando los amigos se van. A tu amigo aun le duele más, porque aunque tú estés perdiendo a una persona, él está dejando todo lo que le es familiar. La familia de tu amigo debe tener una buena razón para mudarse; quizá su padre recibió un nuevo puesto en su trabajo, o tiene un nuevo empleo. Puedes obtener la nueva dirección de tu amigo y continuar la relación por correspondencia. Muchas familias que se mudan a otra ciudad luego regresan a visitar. Si se mantienen en contacto sabrás cuándo planea volver tu amigo, y quizá puedan reunirse.

Quizá algún día tú tengas que mudarte. Las diferentes situaciones en la vida no duran para siempre, así que es muy importante que aprendas a tratar con los cambios.

VERSÍCULOS CLAVE: *Cuando había dicho estas cosas, se puso de rodillas y oró con todos ellos. Entonces hubo gran llanto de todos. Se echaron sobre el cuello de Pablo y le besaban, lamentando sobre todo por la palabra que había dicho que ya no volverían a ver su cara. Y le acompañaron al barco (Hechos 20:36-38).*

VERSÍCULO RELACIONADO: *2 Timoteo 1:4*

PREGUNTA RELACIONADA: *¿Es correcto sentirse triste cuando los amigos se mudan?*

NOTA A LOS PADRES: *Como la sociedad se moviliza demasiado, probablemente varios de los amigos de sus hijos se mudarán. En lugar de enfocar la pérdida, enséñeles a valorar la amistad que ellos tienen. Anímelos a mantener el contacto con sus amigos distantes por medio de las cartas, el teléfono o el correo electrónico. Si su familia se va a mudar, oren por los nuevos amigos que tendrán en el nuevo vecindario, templo y escuela.*

Altibajos-Las dificultades de la amistad

P: ¿POR QUÉ TUS AMIGOS ESPERAN QUE MIENTAS POR ELLOS?

27

R: Algunas personas piensan que los amigos deben hacer cualquier cosa por ellos, inclusive mentir. Pero eso no forma parte de la amistad. Más importante que hacer lo que tus amigos quieren o esperan de ti, es hacer lo que Dios quiere. Esto es lo primero que tú debes considerar. Tu relación con Dios debe ser tu amistad más importante, y además, Dios dice que mentir es malo.

VERSÍCULO CLAVE: *No robaréis, ni mentiréis ni os engañaréis el uno al otro (Levítico 19:11).*

VERSÍCULO RELACIONADO: *Efesios 4:25*

PREGUNTAS RELACIONADAS: *¿Por qué mentimos para mantener a nuestros amigos libres de problemas? ¿Por qué mi amiga no deja de hacer cosas malas, para que así yo no tenga que mentir por ella?*

NOTA A LOS PADRES: *Ayude a sus hijos a entender que una mentira es "un intento de falsedad". Es mantener intencionalmente silencio sobre la verdad. En otras palabras, una mentira no se limita a decir palabras que no son verdaderas. No decir nada, o decir las palabras correctas con el sentido equivocado, pueden ser considerados como mentiras.*

P:

¿POR QUÉ NO LES AGRADAS A TUS AMIGOS SOLO POR LO QUE TÚ ERES?

28

R: Usualmente sí les agradas. Probablemente esa fue la causa que al principio los llevó a hacer amistad contigo. A ellos les gusta quién eres tú. Pero algunas veces, sin embargo, los amigos desean cambiar algo tuyo que es diferente a como *ellos* son. Es posible que *ellos* quieran que tú dejes de hacer cosas que son diferentes a las que *ellos* hacen. Una de las partes más grandiosas de la amistad es llegar a conocer a alguien que es completamente diferente a ti. Dios no hizo a dos personas iguales, así que aprende a apreciar cómo tus amigos son diferentes.

VERSÍCULOS CLAVE: *Porque de la manera que en un solo cuerpo tenemos muchos miembros, pero todos los miembros no tienen la misma función; así nosotros, siendo muchos, somos un solo cuerpo en Cristo, pero todos somos miembros los unos de los otros (Romanos 12:4, 5).*

VERSÍCULO RELACIONADO: *Romanos 12:2*

PREGUNTA RELACIONADA: *¿Por qué los amigos esperan que tú hagas las cosas de la misma manera que ellos las hacen?*

NOTA A LOS PADRES: *Los niños enfrentan mucha presión para ajustarse a otros. Ayúdelos a ser honestos consigo mismos sin llegar a ser sobrenaturales o extraños. Anímelos a aceptar la crítica constructiva y a cambiar cuando sus amigos señalan algo que tal vez ellos deberían cambiar.*

P: ¿POR QUÉ DEBES HACER LO QUE QUIEREN TUS AMIGOS, O DE LO CONTRARIO SE MOLESTAN?

29

R: Es natural querer hacer las cosas a nuestra manera, por eso tus amigos se pueden disgustar cuando no haces algo que ellos desean que tú hagas. Esa no es la manera en que debe funcionar una amistad. Sin embargo, algunas veces el compromiso es la mejor manera de mantener a todos felices. Otras veces implica turnarse para hacer las cosas que uno y otro amigo quieren. Si tu amigo sólo quiere las cosas a su manera, o si se molestan cuando no lo haces, habla con ellos acerca de esto. Si tus amigos te están presionando para hacer algo con lo que tú no te sientes cómodo, o que es peligroso o malo, es probablemente una indicación de que tú debes buscar un nuevo grupo de amigos.

VERSÍCULOS CLAVE: *No hagas amistad con el iracundo, ni tengas tratos con el violento, no sea que aprendas sus maneras y pongas una trampa para tu propia vida (Proverbios 22:24, 25).*

VERSÍCULOS RELACIONADOS: *Eclesiastés 7:9; 1 Corintios 13: 4, 5*

NOTA A LOS PADRES: *Ayude a sus hijos a pensar y decidir cuándo sí es apropiado y correcto ceder frente a otros, y cuándo es muy importante no ceder, aunque los amigos se enojen con ellos.*

P: ¿POR QUÉ LOS AMIGOS NO PUEDEN LLEVARSE BIEN, EN LUGAR DE ESTAR PELEANDO Y DISCUTIENDO UNO CON OTRO?

30

R: Usted podría pensar que los amigos se llevarán muy bien *todo el tiempo*. Pero los conflictos surgen porque todos tenemos nuestros altibajos emocionales; algunas veces la persona solo está de mal humor. No hay dos personas que estén de acuerdo en todo, *todo* el tiempo. En cualquier desacuerdo, sin embargo, en vez de discutir y pelear, las personas deben hablar y tratar de resolver el conflicto. Si tus amigos siempre están peleando y discutiendo, tú puedes ser un buen ejemplo y ayudarlos a resolver el asunto. Y tú puedes evitar seguir el mal ejemplo de ellos si pasas más tiempo con niños que están aprendiendo a congeniar unos con otros.

VERSÍCULO CLAVE: *El que comienza la contienda es quien suelta las aguas; desiste, pues, antes que estalle el pleito (Proverbios 17:14).*

VERSÍCULO RELACIONADO: *Proverbios 20:3*

PREGUNTAS RELACIONADAS: *¿Por qué no puedo decírselo a mi amigo sin romper la amistad? ¿Qué puedes hacer si tus amigos discuten y pelean constantemente? Si tus amigos están peleando, ¿debes alejarte de ellos?*

NOTA A LOS PADRES: *Un buen lugar para enseñarles a los hijos a llevarse bien con los demás es en el hogar, a medida que ellos tratan a sus hermanos y hermanas. El capacitar a sus hijos a resolver conflictos entre hermanos toma tiempo, pero es muy importante para que ellos desarrollen la destreza que se necesita para llevarse bien entre ellos y con sus amigos. Cuando surjan las discusiones, enseñe a sus hijos cómo "pelear justo". Hágales saber que sí es posible estar en desacuerdo con alguien, sin necesidad de gritar o llamar a las personas por sobrenombres.*

P: ¿POR QUÉ MIS AMIGOS ROMPEN LAS PROMESAS QUE ME HAN HECHO?

31

R: Sólo Dios es perfecto y nunca rompe sus promesas. La mayoría de personas que hacen promesas intentan guardarlas, pero a veces las olvidan; o las circunstancias cambian. Por ejemplo, una amiga pudo haberte dicho que la vengas a visitar cuando gustes, pero al nacer su hermanito, los padres deciden limitar, por un tiempo, el número de visitantes. Algunas veces la gente hace promesas imposibles de cumplir; puede decir: "Nunca más me enfadaré contigo". Si un amigo rompe una promesa que te ha hecho, dile cómo te sientes, pero trata de entender y de perdonar. Pídele a Dios que te ayude a hacer promesas que puedes cumplir. Después haz todo lo posible por guardar esas promesas.

VERSÍCULO CLAVE: *Mejor es que no prometas, a que prometas y no cumplas (Eclesiastés 5:5).*

VERSÍCULOS RELACIONADOS: *1 Reyes 8:23; Proverbios 17:17*

PREGUNTA RELACIONADA: *En vez de hacer promesas que no van a cumplir, ¿por qué los amigos no se quedan callados?*

NOTA A LOS PADRES: *Cuando los niños descubren el concepto de las promesas, lo pueden usar en exceso para hacer pactos con sus amigos. Ayude a sus hijos a entender que las promesas son importantes y que debemos decir lo que realmente creemos y hacer lo que decimos.*

P: ¿QUÉ DEBO HACER CUANDO UNO DE MIS AMIGOS ESTÁ MOLESTANDO A OTRO?

32

R: No te juntes con ellos. Tal vez tú puedes cambiar el tema o sugerirle a tu amigo que haga otra cosa. Si las cosas empeoran, recuerda que nadie tiene el derecho de tocar o golpear a otra persona, si ella no lo desea. Los adultos que golpean a otra gente pueden ir a la cárcel como resultado de sus acciones. Es ilegal, y no es la manera en que Dios quiere que nos tratemos unos a otros. Si las acciones de tu amigo implican empujar o pegar dile, de cualquier modo posible, que deje de hacerlo. Luego, ve y notifica inmediatamente a un adulto lo que está pasando.

VERSÍCULO CLAVE: *Amado, no imites lo que es malo, sino lo que es bueno. El que hace lo bueno procede de Dios, pero el que hace lo malo no ha visto a Dios (3 Juan 11).*

VERSÍCULOS RELACIONADOS: *Lucas 6:37; 1 Corintios 13:4, 5*

PREGUNTAS RELACIONADAS: *¿Por qué algunas personas tienen que fastidiar a otros y no ser amigos? Si mi amigo es malo con otras personas, ¿debo yo ser su mejor amigo?*

NOTA A LOS PADRES: *Esta es una respuesta fácil de decir, pero difícil de hacer. Su hijo tal vez necesite el respaldo suyo. Con toda la violencia que los niños miran en la televisión y en las películas, ellos pueden pensar que el abuso físico leve es parte de la vida. El respeto por los demás empieza en el hogar. Enseñe a sus hijos a respetar el derecho a la seguridad que los demás tienen. Nunca permita que se toquen con el intento de lastimarse.*

P: SI MIS AMIGOS ME IGNORAN, ¿DEBO IGNORARLOS YO?

33

R: No, siempre debemos hacer lo que es recto para con los demás, aun cuando ellos nos hagan mal. Esto es muy difícil, pero Dios espera que nosotros hagamos lo que es bueno, sin importar lo que los demás hagan. Con el tiempo, nuestra cordialidad puede llegar a ganar a los otros niños. Algunas veces debemos pasar por alto lo que nos hace la gente, pero no debemos ignorarlos como personas. Posiblemente, la mejor manera de actuar con alguien que te está ignorando es hacer lo contrario. Puedes ir directamente y decirle: "Siento mucho si hice algo que te molestara. ¿Quieres que hablemos de ello?"

VERSÍCULO CLAVE: *No paguéis a nadie mal por mal. Procurad lo bueno delante de todos los hombres (Romanos 12:17).*

VERSÍCULO RELACIONADO: *Salmo 66:20*

PREGUNTAS RELACIONADAS: *Algunas veces la gente con la que hablo me escucha por un momento, pero al siguiente minuto me ignora. ¿Por qué hace eso? Cuando los amigos ya no son amigables debo preguntarles: "¿por qué me ignoras?"*

NOTA A LOS PADRES: *Este asunto puede producir crisis en un niño. Usted puede decirle: "Solo ignora al que te ignore", pero la herida aún estará ahí. Las amistades cambian con el tiempo, y aun las más sólidas experimentan algo de tensión. Hablar con alguien que no desea hablar con uno no es algo natural. Sin embargo, si usted puede ayudar a sus hijos a intentar hacer esto por un par de veces hasta que vean resultados positivos, ellos desarrollarán eso como un hábito en su vida.*

P: ¿POR QUÉ ALGUNAS PERSONAS QUIEREN SER AMIGOS UN DÍA Y AL SIGUIENTE YA NO?

34

R: Aprender cómo ser un buen amigo toma mucho tiempo y esfuerzo. Es posible que tus amigos no se hayan dado cuenta de que su comportamiento es erróneo. Habla amablemente con ellos y explícales lo mal que te hacen sentir. Hazles saber que tú quieres contar con tus amigos todos los días.

Posiblemente algunos chicos parecen estar cambiando su manera de ser en cuanto a la amistad, pero también es posible que solo estén pasando por un mal día. O, quizás estén pasando ese día con otro amigo. Si este fuera el caso, no te preocupes, ellos todavía siguen siendo tus amigos.

VERSÍCULO CLAVE: *No abandones a tu amigo (Proverbios 27:10).*

NOTA A LOS PADRES: *Algunas veces los chicos pueden mostrarse posesivos en cuanto a la amistad y desean monopolizar el tiempo y la atención de una persona. Pero esto sofocará cualquier amistad. Si usted cree que esto es lo que está sucediendo, ayude a su hijo a entender la importancia de desarrollar nuevas amistades también.*

P: ¿QUÉ PUEDO HACER CUANDO UNO DE MIS MEJORES AMIGOS, A QUIEN YO SOLÍA SIMPATIZARLE, AHORA ME ODIA?

35

R: Primero, trata de investigar qué fue lo que sucedió. ¿Hiciste algo que hiriera los sentimientos de tus amigos? Si te das cuenta de que los has lastimado, pídeles perdón. Ora por esa situación. Pídele a Dios que te dé sabiduría. Recuerda que tal vez no haya ninguna razón específica. La gente cambia, y podría suceder que tú pierdas un amigo. No trates de tomar venganza, pero tampoco te resistas a volver a aceptarlo como amigo. Puedes seguir siendo amable y orar por tu ex amigo, pero asegúrate de encontrar nuevos amigos.

VERSÍCULO CLAVE: *Mis amigos me escarnecen; mis ojos derraman lágrimas ante Dios (Job 16:20).*

VERSÍCULO RELACIONADO: *Proverbios 18:19*

PREGUNTA RELACIONADA: *Si los chicos ya no desean ser mis amigos, ¿está bien olvidarme de ellos?*

NOTA A LOS PADRES: *Los chicos usualmente creerán que odian, cuando hablan de ex amigos. Lo que realmente quieren decir es que están molestos con ellos. Un sinnúmero de cosas pueden estropear una amistad. Cuando alguna relación se rompe hay una tendencia a vengarse para "quedar parejos". En vez de esto, anime a sus hijos a ver esta situación como una buena oportunidad para imitar a Jesús, mostrando bondad aun cuando no sea recíproca.*

CAMINO ROCOSO

Cómo aprender a congeniar con otros

P: ¿POR QUÉ ALGUNOS NIÑOS SON TAN DESORDENADOS?

36

R: Los niños son diferentes. Algunos son muy ordenados, otros muy desordenados, y hay aquellos que son término medio. También cada familia es diferente; algunas conservan sus casas mucho más ordenadas que otras. La persona que crece en una casa desordenada va a tener la tendencia a ser desordenada. Es bueno ser ordenado y organizado, y ojalá que tus amigos desordenados aprendan esto conforme van creciendo. Pero no debemos esperar que todos tengan las cosas en perfecto orden todo el tiempo. Aunque una persona desordenada resulta frustrante para una muy ordenada, debemos recordar que el ser ordenado no es la cosa más importante en la vida. Si algunas personas no son tan ordenadas como nosotros, eso no quiere decir que sean malas, solo diferentes.

VERSÍCULO CLAVE: *¿Acaso no tenemos todos un mismo Padre? ¿No nos ha creado el único Dios? Entonces, ¿por qué traicionamos cada uno a su hermano, y profanamos el pacto de nuestros padres? (Malaquías 2:10).*

PREGUNTAS RELACIONADAS: *¿Por qué los niños pierden tantas cosas? Si mis amigos son desordenados ¿debo tratar de ayudarlos o recordarles que deben recoger sus cosas?*

NOTA A LOS PADRES: *Es fácil caer en el hábito de ver las debilidades de los otros. Eso nos frustrará y dividirá. Ayude a su hijo a superar sus debilidades y a resaltar los puntos fuertes de los demás. Este buen hábito les hará madurar y reforzará sus relaciones amistosas.*

P:
¿POR QUÉ ALGUNOS NIÑOS CONSIGUEN LO QUE QUIEREN CUANDO LLORAN Y SE ENOJAN?

37

R: Algunos adultos se dan por vencidos cuando los niños lloran, hacen pucheros, gimotean o hacen pataletas. Los niños que han crecido de esta manera creen que pueden obtener todo lo que quieren actuando así. Pero llegará el día en que estas actitudes no van a funcionar. ¿Se imaginan a un adulto tirándose al piso en un almacén, llorando fuertemente porque el establecimiento no tenía lo que él quería? Es mucho mejor aprender desde niños a hablar sobre las cosas que queremos, a ser condescendiente y no tratar de que las cosas sean siempre a nuestro modo.

VERSÍCULOS CLAVE: *La mujer de Sansón lloró delante de él y le dijo: —Tú sólo me odias y no me amas. Has propuesto una adivinanza a los hijos de mi pueblo, y no me la has interpretado a mí. Él le respondió: —He aquí que ni a mi padre ni a mi madre se la he interpretado, y ¿te la había de interpretar a ti? Ella lloró delante de él los siete días que ellos tuvieron banquete. Y aconteció que al séptimo día él se la interpretó, porque ella le presionaba. Entonces ella explicó la adivinanza a los hijos de su pueblo (Jueces 14:16, 17).*

PREGUNTA RELACIONADA: *¿Por qué algunos niños siempre quieren salirse con la suya?*

NOTA A LOS PADRES: *Si sus hijos señalan que algunos amigos se salen con la suya haciendo pataletas, ayude a sus hijos a entender que cada hogar es diferente. Dígales que usted está haciendo lo mejor ante los ojos de Dios para ser un buen padre para su familia en su propio hogar. Nadie debe preocuparse de que otras familias sean diferentes o mejores. Hábleles del hecho de que si alguien en su familia está molesto por alguna cosa, todos pueden reunirse y hablar sobre ello para llegar a un acuerdo feliz.*

Camino rocoso-Cómo aprender a congeniar con otros

P: ¿POR QUÉ ALGUNOS NIÑOS SIEMPRE QUIEREN SER LOS PRIMEROS?

38

R: Porque son egoístas. Por cierto, eso es parte de la naturaleza pecadora de toda persona. Todo ser humano tiende a ser egoísta. Solo Dios puede ayudarnos a dejar de ser egoístas y a pensar en los demás. Tenemos que depender de él. Los niños que siempre quieren ser los primeros tal vez estén tratando de sentirse mejor con ellos mismos. Ellos pueden sentir que son más importantes y valiosos porque ganaron un juego o fueron los primeros en la fila. Pero Dios dice que toda persona es valiosa e importante para él, aun aquellos que llegan al final. Cuando sabemos cuánto nos ama Dios y cómo cuida de nosotros, entonces podemos dejar a los demás ser los primeros.

VERSÍCULO CLAVE: *Así, los últimos serán primeros, y los primeros últimos (Mateo 20:16).*

VERSÍCULOS RELACIONADOS: *Filipenses 2:3, 4; Santiago 3:16*

NOTA A LOS PADRES: *Debemos animar a nuestros hijos a que hagan las cosas lo mejor posible, y que ciertamente no hay nada malo en que ganen un juego, o un certamen. El problema viene cuando el ganar lo es todo. Ayude a sus hijos a saber que Dios es más feliz cuando no tratamos de ser los primeros todo el tiempo. Esto lo pueden aprender aun en las cosas más pequeñas como el hacer la fila para tomar agua de la fuente.*

P: ¿DEBO ENFRENTARME SOLO A LOS NIÑOS "BUSCA PLEITOS"?

39

R: Sí, diles cómo te sientes. Sé firme, pero no grites ni pierdas la calma. La Biblia dice que la palabra blanda quita la ira. El mantenerte calmado y ser tan amable como puedas es tu mejor arma para un buen resultado. Algunas veces, esto no funciona, y tú estarás tentado a pelear, pero no lo hagas. En vez de eso, aléjate. Si los chicos te buscan para pelear, busca la ayuda de un adulto.

VERSÍCULO CLAVE: *La suave respuesta quita la ira, pero la palabra áspera aumenta el furor (Proverbios 15:1).*

VERSÍCULOS RELACIONADOS: *Nehemías 6:8, 9; Mateo 5:39*

PREGUNTAS RELACIONADAS: *¿Debo enojarme con mis amigos que les gusta buscar pleito? ¿Debo decirles que no lo hagan porque a nadie le agrada eso?*

NOTA A LOS PADRES: *Muchos padres aconsejan a sus hijos que se enfrenten ellos mismos y devuelvan la ofensa. Pero la Biblia dice que debemos poner la otra mejilla. Ellos deben abogar por sus derechos, pero hacerlo respetuosamente. No deben pelear.*

P: ¿ POR QUÉ ALGUNOS NIÑOS TIENEN QUE HABLAR EN CLASE? ¿POR QUÉ NO PUEDEN ESPERAR HASTA EL RECESO?

40

R: Algunos niños no son tan maduros para poder esperar. Los bebés no pueden esperar por nada. Ellos quieren que se les cambie su pañal o que se los alimente ¡ahora! Conforme los niños crecen, aprenden a tener paciencia y a hacer las cosas en el tiempo apropiado, y no cuando ellos lo quieren. También tienen que aprender que el mundo no gira al derredor de ellos, y que la demás gente también tiene necesidades. Algunos niños, sin embargo, toman un poco más tiempo del necesario para aprender esta lección. Es posible que unos de estos niños hablen en clase porque temen olvidarse de lo que quieren decir. Sugiéreles que escriban una notita para ellos mismos y así puedan recordarlo y hablarlo durante el receso.

VERSÍCULO CLAVE: *En las muchas palabras no falta pecado, pero el que refrena sus labios es prudente (Proverbios 10:19).*

VERSÍCULOS RELACIONADOS: *Proverbios 20:19; Eclesiastés 3:1, 7; Santiago 3:2*

PREGUNTAS RELACIONADAS: *Si los niños hablan en clase, ¿debo decirles que no es apropiado? Cuando el maestro pregunta algo a un estudiante, ¿por qué otros estudiantes gritan la respuesta?*

NOTA A LOS PADRES: *Si su hijo habla mucho durante la clase, anímelo a dejar de hacerlo. Discuta algunas soluciones posibles con el maestro.*

P: ¿POR QUÉ ALGUNOS NIÑOS DESTRUYEN MIS COSAS SIN NINGUNA RAZÓN?

41

R: Algunos niños son descuidados y rompen accidentalmente las cosas. Otros son más fuertes de lo que ellos creen y quizá no saben lo que están haciendo. Por supuesto, algunos son mal intencionados y rompen tus cosas para lastimarte. Algunos nunca han aprendido a cuidar las pertenencias de los demás. Hazles saber a tus amigos que tú esperas que ellos cuiden tus cosas. Tú no estás obligado a permitir que tus amigos entren a tu cuarto, si tú sabes que a ellos no les importa si lo desordenan. Sin embargo, ten cuidado de no exagerar sobre un incidente o accidente pequeño. Saber compartir es una parte importante de la amistad.

VERSÍCULO CLAVE: *Vuestra amabilidad sea conocida por todos los hombres. ¡El Señor está cerca! (Filipenses 4:5).*

VERSÍCULO RELACIONADO: *Efesios 4:2*

PREGUNTAS RELACIONADAS: *¿Algunos niños rompen cosas porque creen que no serán descubiertos? Si mis amigos pierden o rompen mis cosas, ¿puedo pedirles que las repongan?*

NOTA A LOS PADRES: *Algunos niños son mal intencionados y crueles. Usted tiene que ayudar a sus hijos a marcar la línea entre compartir y proteger sus cosas de otros niños poco cuidadosos. Tenga cuidado cuando enseña a su hijo acerca de las pertenencias. Enséñeles a respetar la propiedad de otros, y a la vez estar dispuestos a compartir lo que ellos poseen.*

P: ¿POR QUÉ ALGUNOS NIÑOS ACTÚAN TAN RUDAMENTE?

42

R: Por lo general los niños que actúan rudamente están tratando de sentirse bien consigo mismos. Ellos desean ser vistos como la gente ve a las celebridades del mundo del espectáculo o de los deportes. Los niños rudos podrían ser simpáticos si solo fueran ellos mismos, y los que actúan engreídamente tendrían más amigos si no pretendieran ser mejor que los demás. La mejor persona que puedes ser, es ser tú mismo. Entonces cuando agradas a la gente sabrás que es por lo que tú eres y no por la imagen que aparentas tener.

VERSÍCULO CLAVE: *Tened un mismo sentir los unos por los otros, no siendo altivos sino acomodándoos a los humildes. No seáis sabios en vuestra propia opinión (Romanos 12:16).*

VERSÍCULOS RELACIONADOS: *Lucas 18:9-14; Romanos 12:3; 1 Corintios 4:7; Gálatas 2:6*

PREGUNTA RELACIONADA: *Los niños que actúan rudamente, ¿lo hacen solo para llamar la atención?*

NOTA A LOS PADRES: *Todos los niños necesitan atención y sentirse bien acerca de sí mismos. Debemos buscar formas cómo afirmar a nuestros hijos, y estar siempre listos para retroalimentarlos positivamente. No tenga miedo de que al hacer esto ellos actúen engreídamente. Recuerde, los niños que saben que son especiales y que sienten la seguridad del amor y la aceptación de su familia y de Dios, encuentran más fácil actuar con naturalidad. Ellos saben que está bien ser ellos mismos.*

P: ¿POR QUÉ ALGUNOS NIÑOS DICEN COSAS MALAS ACERCA DE OTROS?

ALBERTO NO TIENE NADA DE ATRACTIVO

Y SU MASCOTA ¡ES HORRIBLE!

CREO QUE LAS OÍ DECIR QUE ELLAS PIENSAN QUE YO SOY MUY INTERESANTE Y DIVERTIDO, Y QUE ¡TÚ ERES ADORABLE!

43

R: Porque ellos creen que es divertido. Quizá están celosos o enojados con otros niños; o en competencia con ellos. Tal vez aún no han aprendido que hacer eso es cruel. Cualquiera que sea la razón, no es correcto hablar mal de otros; llamarlos por apodos, esparcir rumores o burlarse de ellos. Tristemente, en estos tiempos el humor se basa en hacer burla de alguien. Pero reírse de alguien es una forma muy cruel de bromear. ¡No lo hagas! Una buena regla a seguir es estar seguros de que todo lo que digas de otros les hará sentirse bien. Piensa que ellos están presentes para escucharte hablar sobre ellos, aun cuando no lo estén.

VERSÍCULO CLAVE: *Que no hablen mal de nadie, que no sean contenciosos sino amables, demostrando toda consideración por todos los hombres (Tito 3:2).*

VERSÍCULOS RELACIONADOS: *Mateo 12:36; 1 Pedro 4:4*

PREGUNTAS RELACIONADAS: *¿Qué debo hacer si hablan mal de mi amigo? Cuando se habla mal de otro, ¿significa que esa persona no les agrada?*

NOTA A LOS PADRES: *Los niños pueden ser crueles. Sus observaciones están mayormente enfocadas en las características físicas u otros razgos superficiales. Ayude a sus hijos a ver que menospreciar a otros es una descortesía; anímelos a valorar lo interno más que lo superficial. Recuerde, ellos escuchan cuando usted habla sobre otros. Burlarse de otros es un mal hábito. Haga de su hogar un lugar seguro donde sus hijos y los amigos de ellos se sientan bien acogidos y afirmados. Que en su hogar el decir solo cosas buenas sobre otras personas sea una regla.*

P: ¿POR QUÉ ALGUNOS NIÑOS SON PELEONES?

R: Porque son egoístas y se preocupan por ellos mismos más que por otros. Los niños peleones a veces son más grandes y fuertes que los demás niños y se aprovechan de ello. Han aprendido a obtener todo por medio de la fuerza. Los peleones vienen en diferentes edades. Los puedes encontrar en muchos lugares, tanto en el mundo de los adultos como en el parque. Ningún "peleón" debería escaparse sin ser reprimido. Si tú ves que alguien, o tú mismo, experimenta el acoso de un "peleón", díselo inmediatamente a un maestro, al director de la escuela, o a tus padres.

VERSÍCULOS CLAVE: *El filisteo venía acercándose a David, precedido de su escudero. Cuando el filisteo miró y vio a David, lo tuvo en poco, porque era un joven de tez sonrosada y de hermoso semblante (1 Samuel 17:41, 42).*

VERSÍCULO RELACIONADO: *Eclesiastés 4:1*

PREGUNTAS RELACIONADAS: *¿Qué debo hacer si un niño "buscapleitos" me empuja todo el tiempo? Cuando alguien quiere pelear, ¿debo decírselo a un maestro o a un adulto?*

NOTA A LOS PADRES: *Si su hijo está siendo retado a pelear por otro niño de la escuela, hable con el maestro. Si se trata de alguien del mismo vecindario hable con los padres del niño. Su hijo no tiene que soportar la crueldad de un niño peleón.*

P: ¿DEBO DEFENDER A ALGUIEN QUE HA SIDO RETADO A PELEAR?

R: Sí, siempre debes estar a favor del que ha sido lastimado y no del que hace el daño. Si en tu escuela o vecindad hay algún chico que es peleón, puedes animar a tus amigos a mantenerse unidos en grupo para mayor seguridad. También infórmale a un adulto sobre la situación y hazle saber de la necesidad de una mayor supervisión adulta, dentro del patio de juegos de la escuela. Si los niños no se sienten seguros al caminar de la escuela a su casa, tal vez los padres pueden turnarse para recogerlos y llevarlos a sus casas.

VERSÍCULO CLAVE: *Y vosotros, hermanos, no os canséis de hacer el bien (2 Tesalonicenses 3:13).*

VERSÍCULOS RELACIONADOS: *Proverbios 21:3; 2 Corintios 8:21*

PREGUNTA RELACIONADA: *¿Debería hablar con los padres del niño peleón ("buscapleitos")?*

NOTA A LOS PADRES: *Anime a su hijo a informar a un adulto responsable acerca de cualquier acción que pueda resultar en pelea o pleito. Esta persona puede ser un entrenador, un maestro, un padre de familia, el director de la escuela o cualquier otro adulto responsable.*

P:

¿SI TÚ SUPIERAS QUE ALGÚN AMIGO VA A HACER ALGO INCORRECTO, ¿TRATARÍAS DE DETENER A ESA PERSONA?

R: Definitivamente sí. Primero trata de hablar con tu amigo para hacerlo entender que lo que está haciendo no es correcto. Explícale que te preocupas por él o por ella y que por esa razón deseas ayudarlo. Usa la influencia de tu amistad para animar a tu amigo o amiga a hacer lo correcto en vez de lo incorrecto. Si él o ella no quieren escucharte, habla con tus padres al respecto. Si tu amigo empieza a hacer algo incorrecto cuando tú estás presente, aléjate de inmediato.

VERSÍCULO CLAVE: *No considerando cada cual solamente los intereses propios, sino considerando cada uno también los intereses de los demás (Filipenses 2:4).*

VERSÍCULO RELACIONADO: *2 Timoteo 4:2*

PREGUNTAS RELACIONADAS: *¿Qué debo hacer si tengo un amigo que todo el tiempo hace lo incorrecto? Si mi amigo hace cosas malas, ¿debo decírselo a un adulto, aun cuando pierda a mi amigo?*

NOTA A LOS PADRES: *Dos muchachos pueden manejar bastante bien varias situaciones sin la ayuda de nadie. Sin embargo, un niño "dañado" puede ser destructivo y envolverlos en actividades peligrosas como el alcoholismo, drogas, vandalismo o robo en establecimientos. En estas situaciones, los adultos deben involucrarse tan pronto como sea posible. Ayude a sus hijos a entender la diferencia.*

P: ¿QUÉ DEBO HACER CUANDO OTROS NIÑOS SON MALOS CONMIGO?

47

R: Esto será muy difícil para ti, pero debes ser amable con todos, no importa qué tan malos sean ellos contigo. Además, debes orar por ellos. Esto es lo que Dios espera que su gente haga. El plan de Dios siempre trabaja de la mejor manera. Tú puedes pensar que te sentirías mejor si tomas venganza, pero no será así. Si tú respondes conforme al plan de Dios, te sentirás mejor, y hasta puedes ayudar a los otros niños a cambiar cuando vean tu buen ejemplo. Si es necesario, trata de evitarlos. No dejes que su maldad te afecte. Si te amenazan con hacerte daño, debes decírselo inmediatamente a un adulto.

VERSÍCULOS CLAVE: *Más bien, si tu enemigo tiene hambre, dale de comer; y si tiene sed, dale de beber; pues haciendo esto, carbones encendidos amontonarás sobre su cabeza. No seas vencido por el mal, sino vence el mal con el bien (Romanos 12:20, 21).*

VERSÍCULOS RELACIONADOS: *1 Pedro 2:21-23*

PREGUNTAS RELACIONADAS: *¿Debes huir para evitar las peleas? Si alguien me golpea, ¿qué debo hacer?*

NOTA A LOS PADRES: *Todos los chicos experimentan alguna vez la crueldad de otros niños. "Ser malo" puede significar muchas cosas, desde llamarlos por sobrenombres, mofarse o aun llegar a lastimar físicamente a otros niños. Algunas veces los niños se sienten tristes, y hasta culpables por haber sido maltratados, y por lo tanto, ni lo mencionarán a sus padres. Así que es muy importante que cada vez que pueda pregunte a sus hijos cómo los están tratando en la escuela y en el vecindario.*

Camino rocoso-Cómo aprender a congeniar con otros

P: ¿POR QUÉ ES TAN DIFÍCIL AMAR A TUS ENEMIGOS?

48

R: Es muy difícil amar a nuestros enemigos porque hacerlo no es algo natural; es el comportamiento opuesto al que tienen los que nos rodean. Cuando la gente nos lastima queremos vengarnos, porque somos humanos. Cuando alguien no nos ama o se porta mal con nosotros es natural que no nos simpatice. Pero Jesús nos dice que debemos amar a nuestros enemigos, y él promete darnos la fortaleza para hacerlo. "Amar" a tus enemigos no significa que debemos tener sentimientos tiernos por ellos. Significa que debemos actuar de una manera amorosa con ellos, y tratarlos como Jesús lo haría; debemos orar y ser amables con ellos.

VERSÍCULO CLAVE: *Pero yo os digo: Amad a vuestros enemigos, y orad por los que os persiguen (Mateo 5:44).*

VERSÍCULOS RELACIONADOS: *Lucas 6:35-37; Romanos 12:17-21*

PREGUNTA RELACIONADA: *¿Cómo puedes amar a alguien que te odia?*

NOTA A LOS PADRES: *He aquí otra oportunidad para que usted muestre un buen ejemplo para sus hijos. Ellos lo están observando. ¿Cómo reacciona usted cuando alguien le obstruye el tráfico, le grita o lo acusa falsamente? Ore pidiendo la ayuda de Dios para responder con amor.*

P:

CUANDO LOS NIÑOS ME HACEN BROMAS, ¿ES CORRECTO HACERLES BROMAS YO TAMBIÉN?

¡HOMBRE! ¿DE DÓNDE SACASTE ESE PELO TAN EXTRAÑO?

49

R: Hay una gran diferencia entre las bromas divertidas y las bromas de mal gusto. Algunas veces los niños dicen cosas sin sentido acerca de otros, sin intención de herir a nadie. Eso está bien. Pero cuando los niños te hagan bromas de mal gusto, no hagas lo mismo con ellos. Si es posible trata de ignorarlos. Quédate quieto. Eso no será algo fácil de hacer, porque la reacción normal sería responderles de la misma manera para herirlos. Trata de ser amable con ellos. Jesús llamó a esto "poner la otra mejilla". Si cierto grupo de niños te hace bromas de mal gusto todo el tiempo, no te acerques a ellos. Si te llaman por sobrenombres, recuérdate a ti mismo que esos nombres no describen a la persona que tú eres realmente. Dios te ama y él dice que tú eres especial.

VERSÍCULO CLAVE: *No devolváis mal por mal, ni maldición por maldición, sino por el contrario, bendecid; pues para esto habéis sido llamados, para que heredéis bendición (1 Pedro 3:9).*

VERSÍCULOS RELACIONADOS: *Mateo 5:39; 1 Pedro 2:21-23*

PREGUNTA RELACIONADA: *¿Por qué a algunos niños les gusta hacer bromas de mal gusto a otros?*

NOTA A LOS PADRES: *Las palabras pueden lastimar ¿verdad? Pueden lastimarlo a usted y lastimarlos a ellos, sus hijos. Las palabras pueden cortar y hacer heridas mayores que las que hacen los "palos y las piedras". Esté preparado para curar cualquier herida.*

P: ¿POR QUÉ LOS DEMÁS NIÑOS NO HACEN LO QUE YO LES DIGO?

...Y PODEMOS HACER PARACAÍDAS CON LAS SÁBANAS DE NUESTRA CAMA Y LANZARNOS, Y CAER ENCIMA DE LOS MALOS DURANTE LA ASAMBLEA DE LA ESCUELA.

OH... SÍ... BUENO... ¿ALGUIEN TIENE OTRA SUGERENCIA?

50

R: ¿Te gusta decirle a los demás lo que deben hacer? ¿Siempre quieres que las cosas se hagan a tu modo? Si este es el caso, los otros niños deben haber empezado a ignorarte. O tal vez otros niños no te conocen lo suficiente como para escuchar tus sugerencias. Tus buenos amigos, a los que les agradas y te quieren, posiblemente tomarán en cuenta tus ideas y sugerencias si no te muestras muy mandón.

Recuerda, de cualquier manera, que nadie está obligado a hacer lo que tú dices. Tienes que aprender a presentar tus ideas de manera que los otros puedan estar de acuerdo contigo. Si tú apoyas a tus amigos cuando ellos brindan buenas sugerencias, ellos estarán más dispuestos a apoyarte cuando tú tengas una buena idea.

VERSÍCULOS CLAVE: *Al día siguiente salió otra vez, y he aquí que dos hebreos se estaban peleando. Entonces dijo al culpable: —¿Por qué golpeas a tu prójimo? Y él le respondió: —¿Quién te ha puesto a ti por jefe y juez sobre nosotros? ¿Acaso piensas matarme como mataste al egipcio? Entonces Moisés tuvo miedo y pensó: "Ciertamente el asunto ya es conocido" (Éxodo 2:13, 14).*

VERSÍCULOS RELACIONADOS: *2 Corintios 1:24; 1 Pedro 5:3*

NOTA A LOS PADRES: *Los niños no desarrollan en forma automática las habilidades sociales y de comunicación. Frecuentemente actúan como lo hacen los padres. Por lo tanto, si sus hijos hablan demasiado o quieren mandar a todos, es posible que lo hayan aprendido en casa. Usted es el modelo. Enséñeles a cultivar la habilidad de escuchar, y ayúdelos a exponer con claridad sus ideas y sugerencias.*

EL GRUPO QUE ESTÁ "AL DÍA"

Adaptación a la escuela

P: ¿POR QUÉ ALGUNOS NIÑOS SE VISTEN TAN RARO?

51

R: Es posible que les guste hacerlo. Sus ropas pueden parecerte extrañas a ti, pero no a ellos. Por supuesto, algunos niños se ponen prendas llamativas para no pasar desapercibidos. Ellos quieren causar una reacción, atraer la atención. Algunos niños que usan ropas raras pueden estar copiando a algún músico famoso o alguna otra celebridad que ellos piensan que son populares. Otros pueden parecer diferentes porque no tienen suficiente dinero para vestirse a la moda. Recuerda que no debes juzgar a las personas por su manera de vestir.

VERSÍCULOS CLAVE: *Más bien, hacen todas sus obras para ser vistos por los hombres. Ellos [los fariseos] ensanchan sus filacterias y alargan los flecos de sus mantos. Aman... las salutaciones en las plazas y el ser llamados por los hombres: Rabí, Rabí (Mateo 23:5-7).*

VERSÍCULOS RELACIONADOS: *1 Samuel 16:7; Mateo 3:4*

PREGUNTA RELACIONADA: *¿Qué debo usar para ir a la escuela?*

NOTA A LOS PADRES: *Recuerde que el atuendo no hace a la persona, y aun podría ser un arma de dos filos. Una persona maravillosa puede estar vestida con ropas "raras". Así mismo, una persona desagradable puede "esconderse" en los últimos estilos de la moda. Es fácil juzgar a las personas por su apariencia. Tenga cuidado de sentar un buen ejemplo en este sentido.*

P: ALGUNAS VECES TENGO MIEDO DE IR A LA ESCUELA, ¿QUÉ DEBO HACER?

52

R: Habla con tus padres acerca de tus temores. Ellos te ayudarán. Si hay alguna situación específica por la que sientes miedo cuéntales de qué se trata. Los maestros y los consejeros de la escuela también te pueden ayudar. Es posible que quieras que algún amigo te acompañe para ir a la escuela. Este amigo puede animarte, orar por ti y darte apoyo moral. También debes pedir a tus amigos cristianos, tales como el maestro de la escuela dominical y el pastor que oren por ti. Ellos pueden pedirle a Dios que tome el control de la situación que te está causando tanto miedo.

VERSÍCULO CLAVE: *Porque yo, Jehovah, soy tu Dios que te toma fuertemente de tu mano derecha y te dice: 'No temas; yo te ayudo' (Isaías 41:13).*

VERSÍCULOS RELACIONADOS: *Salmo 56:3; Isaías 26:3; 41:10; Filipenses 4:6, 7*

NOTA A LOS PADRES: *Investigue por qué su hijo tiene temor. La primera respuesta puede no ser la verdadera razón. En vez de decirle a su hijo o su hija que sea fuerte, tómese el tiempo suficiente para hablar sobre ello hasta enterarse de qué es lo que verdaderamente está sucediendo. Es posible que un niño peleón lo ande rondando. Otros niños pueden estarse mofando de la apariencia de su hijo. O su hijo puede tener temor de reprobar en la escuela. Después de determinar la causa pueden orar juntos y tratar de buscar una solución.*

P: ¿POR QUÉ ALGUNOS NIÑOS SIEMPRE QUIEREN VESTIRSE DE ACUERDO A LAS DIFERENTES TENDENCIAS DE LA MODA?

53

R: Porque quieren estar a tono y verse como todos los demás. Los comerciantes gastan toneladas de dinero para hacernos creer que todos debemos usar cierta clase de vestuario. Una persona famosa empieza a usar un atuendo, y todos quieren comprar uno similar para poder usarlo. Así es como empiezan las modas. Pronto parecerá como si todo el mundo está usando los mismos estilos y colores. Pero las modas no duran mucho tiempo. Tú no tienes que adoptar cada nueva moda que sale. Hay mucha ropa que tiene un estilo más clásico y siempre parece estar a la moda. Puedes pedirle a tus padres que te ayuden a escoger la ropa apropiada que debes usar.

VERSÍCULO CLAVE: *Todas las cosas son fatigosas, y nadie es capaz de explicarlas. El ojo no se harta de ver, ni el oído se sacia de oír (Eclesiastés 1:8).*

VERSÍCULOS RELACIONADOS: *1 Corintios 7:31; 1 Juan 2:16, 17*

PREGUNTA RELACIONADA: *¿Por qué algunos niños siempre quieren seguir las tendencias de la última moda?*

NOTA A LOS PADRES: *Dígales a sus hijos que está bien el usar los últimos estilos de la moda, siempre y cuando no sean demasiado extravagantes. De cualquier manera, enfatice que los niños pueden tener buen gusto aun sin vestirse a la última moda. Explíqueles que las modas se ven realmente curiosas después de unos pocos años. Para probar esto muéstreles fotografías de cómo era la moda hace veinte años, o vean fotos de cuando usted mismo era un niño.*

P: ¿POR QUÉ TODOS QUIEREN HACER LO QUE LA DEMÁS GENTE HACE?

54

R: Porque se sienten presionados. Quieren estar a tono, ser aceptados, y no ser diferentes. Pueden tener miedo de que los otros muchachos se burlen de ellos si no hacen lo que los demás están haciendo. Algunas veces asumimos que una película, un programa de televisión o un producto es bueno porque es popular. Podemos pensar: Si tanta gente lo hace, debe ser divertido. O, si tanta gente ha visto esa película, debe ser muy buena. Todo esto está bien, siempre y cuando lo que es popular está agradando a Dios. Pero nadie está obligado a hacer cosas que sabe que no son correctas.

VERSÍCULO CLAVE: *Pero sin tu consentimiento no quise hacer nada, para que tu bondad no fuera como por obligación, sino de buena voluntad (Filemón 1:14).*

VERSÍCULOS RELACIONADOS: *Mateo 5:19; 1 Corintios 9:20*

PREGUNTA RELACIONADA: *Si alguien te dice: "No serás mi amigo si no haces lo que yo te digo". ¿Debes hacerlo?*

NOTA A LOS PADRES: *Esta es una excelente oportunidad para enseñarles a sus hijos la diferencia entre lo bueno y lo malo, a formar su propia opinión, y a actuar conforme a sus creencias. La presión de grupo disminuirá notablemente conforme el muchacho va creciendo.*

P:

¿QUÉ DEBO HACER SI OTROS NIÑOS SE RÍEN DE MÍ PORQUE VOY AL TEMPLO?

¡JA JA! EL NIÑO BUENO ESTÁ YENDO AL TEMPLO.

55

R: Puedes ignorar sus burlas. Si tienes la oportunidad, puedes explicarles que tú vas al templo porque amas a Dios y porque te gozas ahí, y quieres estar con tus amigos y con tu familia. Alguien que se ríe de ti porque vas al templo, posiblemente no sepa lo que es una iglesia. Tal vez nunca haya visitado un templo, y es muy posible que no sepa lo que es amar a Dios y a su hijo Jesús. Es una de las personas por las que debes orar. Alguna vez aun puedes invitarlo a ir contigo al templo, especialmente cuando haya alguna actividad social.

VERSÍCULO CLAVE: *Bienaventurados sois cuando los hombres os aborrecen, cuando os apartan de sí y os vituperan, y desechan vuestro nombre como si fuera malo, por causa del Hijo del Hombre (Lucas 6:22).*

VERSÍCULO RELACIONADO: *Mateo 5:44*

NOTA A LOS PADRES: *La mayoría de los muchachos no entienden la diferencia entre las diversas religiones o denominaciones. Es importante para ellos aprender a aceptar a los niños de diferentes culturas y antecedentes étnicos. También necesitan entender que, sin embargo, no tienen que aceptar todas las creencias. Ayude a su hijo a entender las características de la fe cristiana y de su denominación en particular, de modo que ellos puedan explicar a los demás sobre sus creencias.*

P: ¿POR QUÉ TIENES QUE SER BUENO Y OBEDECER EN LA ESCUELA?

56

R: A fin de que en las escuelas haya seguridad y para que los estudiantes puedan aprender, los líderes y profesores de las mismas tienen reglas, que explican cómo deben portarse los estudiantes. Solamente piensa en la confusión que sería si cada estudiante hiciera lo que cada quien quisiera, y cuando lo quisiera. Nadie aprendería nada, excepto a ser ruidoso. Por ejemplo, si en la clase todos hablaran al mismo tiempo, nadie escucharía al profesor. Si a los niños se les permitiera andar corriendo y empujándose en los pasillos, habría mucha gente lastimada.

VERSÍCULO CLAVE: *No escuché la voz de mis maestros, y a los que me enseñaban no incliné mi oído (Proverbios 5:13).*

VERSÍCULOS RELACIONADOS: *Romanos 13:2; Colosenses 2:6*

PREGUNTA RELACIONADA: *¿Por qué debes obedecer a otros adultos, además de a tus padres?*

NOTA A LOS PADRES: *Algunas veces los niños se sienten abrumados por todas las reglas de la escuela. Hasta pueden tener temor de violar algunas reglas por accidente. Ayúdelos a entender que las reglas tienen sentido, y que la mayoría de ellas son fáciles de obedecer. Ayúdelos a entender que con el tiempo ellos verán los beneficios de haberse aplicado en la escuela y haber hecho las cosas bien. Enfatice que el obedecer a los líderes de la escuela es una de las maneras de obedecer a Dios, quien nos ha dado estos líderes.*

P: ¿POR QUÉ ALGUNOS NIÑOS SON MUY GRANDES Y OTROS MUY PEQUEÑOS?

57

R: Las personas vienen en diferentes formas y tamaños. Solo fíjate en los adultos. Algunos jugadores profesionales de fútbol americano pesan más de 150 kilos, y otros jugadores profesionales de baloncesto miden ¡un poco más de 2 metros! Sin embargo, la mayoría de las personas son más livianas y más bajas que esto. Los niños también vienen en diferentes formas y tamaños; y crecen a diferente ritmo. Una niña puede crecer muy rápido y parecer mucho más alta en comparación con otros niños de su misma edad, pero en unos pocos años, otros niños empezarán a crecer aun más que ella y la pasarán en altura. El ser muy bajo o muy alto puede ser muy frustrante ahora, pero finalmente esas cosas se normalizan. Sé paciente. La estatura no importará tanto en el futuro cuando todos han terminado de crecer.

VERSÍCULO CLAVE: *Pero Jehovah dijo a Samuel: "No mires su apariencia ni lo alto de su estatura, pues yo lo he rechazado. Porque Jehovah no mira lo que mira el hombre: El hombre mira lo que está delante de sus ojos, pero Jehovah mira el corazón (1 Samuel 16:7).*

VERSÍCULOS RELACIONADOS: *Salmo 139:14-16*

NOTA A LOS PADRES: *Cuénteles historias de cuando usted estaba creciendo y cómo se esforzaba por crecer más.*

P: ¿QUÉ PASA SI NO ME GUSTA LA MÚSICA QUE TODOS LOS DEMÁS ESCUCHAN?

58

R: No tienes que disfrutar cierta clase de música solo porque otros lo hacen. Es igual que con la comida. ¿Qué si a todos los demás les gustan las papas fritas, pero a ti te enferman el estómago? ¿Vas a comerlas? No tendrías que hacerlo. De la misma manera, tú desarrollarás tu propio gusto en cuanto a la música. Podría ser la misma música que escuchan los demás, pero no tiene que ser así. Por supuesto, debes respetar los gustos de los demás. No grites: "apaga esa música loca" solo porque a ti no te gusta. Pon atención a las palabras. Si crees que ellos no están agradando a Dios diles a tus amigos que no tienes interés en escucharla.

VERSÍCULOS CLAVE: *Porque el oído distingue las palabras, y el paladar prueba la comida. Escojamos lo que es correcto; conozcamos entre nosotros lo bueno (Job 34:3, 4).*

VERSÍCULOS RELACIONADOS: *Romanos 14:1-10*

NOTA A LOS PADRES: *El hecho es que, a los nueve o diez años, los niños empiezan a escuchar el estilo de música que a sus amigos les agrada. Tenga cuidado de no criticar esa música solo porque usted no la aprecia. Sus hijos pueden interpretar su crítica como una desaprobación a sus amigos, no a la música. Por otra parte, asegúrese de enfatizar problemas específicos que usted tiene con ciertas canciones y estaciones de radio (letra de canciones sugestiva, intérpretes depravados, locutores que usan palabras sucias y así sucesivamente), y recomiende algunas alternativas. Este es el tiempo ideal para ayudar a sus niños a apreciar la gran variedad de música que existe. Y recuerde que puede encontrar artistas cristianos en casi cada estilo de música que existe.*

P: ME SIENTO COMO UN TONTO EN ALGUNAS MATERIAS, ¿QUÉ DEBO HACER?

59

R: Algunas materias son difíciles de entender al principio, no todos entienden todo enseguida. Dios hizo a cada persona diferente, cada uno con habilidades especiales. Es normal que para ti algunas materias sean más fáciles que otras. Pero tú puedes dominar aun aquellas que te parecen tan difíciles. En esas clases puedes pedir ayuda a los profesores. La mayoría de los maestros animan a sus alumnos a hacer preguntas y a pedir ayuda cuando la necesitan. Tus padres también estarían felices de poder ayudarte. Las materias difíciles te enseñan a aprender cómo pensar y a buscar formas de cómo solucionar los problemas.

VERSÍCULO CLAVE: *Y si a alguno de vosotros le falta sabiduría, pídala a Dios, quien da a todos con liberalidad y sin reprochar; y le será dada (Santiago 1:5).*

VERSÍCULOS RELACIONADOS: *Proverbios 2:1, 2; 2 Timoteo 2:15*

NOTA A LOS PADRES: *Tenga presente que el hecho de que un niño piense que cierta materia es difícil, no significa que él carece de habilidad en esa área. Enseñe a su hijo a comprender que aprender cosas difíciles cuesta trabajo y requiere más esfuerzo. Nunca use palabras como flojo o tonto para describir el bajo rendimiento de su hijo, ni insinúe que él no tiene la capacidad mental para entender materias difíciles. Anímelo a que dé siempre lo mejor de sí mismo. Ofrézcale toda la ayuda que usted pueda brindarle; busque la tutoría de un instructor particular si es necesario; encuentre cada vez nuevas maneras de reafirmar el trabajo escolar de su hijo.*

P: ¿POR QUÉ ALGUNOS NIÑOS DICEN PALABRAS SUCIAS?

SI QUIERES SER POPULAR Y TENER UNA BUENA ACTITUD, PUEDES SER MUY POPULAR SIN SER RUDO. TE DIRÉ UN SECRETO, TE DARÉ UN CONSEJO; MANTÉN TU LENGUAJE LIMPIO SI QUIERES VERTE REALMENTE BIEN.

60

R: Usualmente los niños dicen palabras sucias o maldicen porque están tratando de actuar como personas mayores o buscan ser populares. También algunos niños viven en hogares donde sus padres dicen palabras sucias, así que las escuchan todos los días. O es posible que hayan visto películas o vídeos con lenguaje sucio. Esto les facilita usar esa clase de lenguaje cuando hablan. Usar palabras sucias es un mal hábito. En ciertos "grupos" el usar palabras sucias es un requisito para ser aceptado. Pero para la mayoría de la gente, los niños que usan un lenguaje sucio son personas ordinarias y no muy inteligentes. ¡El usar palabras sucias no te hace popular!

VERSÍCULO CLAVE: *Ninguna palabra obscena salga de vuestra boca, sino la que sea buena para edificación según sea necesaria, para que imparta gracia a los que oyen (Efesios 4:29).*

VERSÍCULO RELACIONADO: *Efesios 5:4*

NOTA A LOS PADRES: *Hable con sus hijos acerca del uso de palabras sucias, y explíqueles por qué el hacerlo es algo malo. Muchas veces los niños repiten las palabras que escuchan, sin saber su significado. Cuando en su hogar suceda esto, tenga cuidado de no reaccionar en una forma violenta contra sus hijos. En vez de eso, explíqueles por qué la palabra es mala y ayúdelos a entender la diferencia entre las palabras sucias y las que no lo son. Si usted usa esta clase de lenguaje, discúlpese con sus hijos. Pídales que oren con y por usted para que Dios lo perdone y lo ayude a dejar de usar esa clase de palabras.*

El grupo que está "al día"-Adaptación a la escuela

P: ¿QUÉ DEBO HACER SI ALGUIEN SE BURLA DE LA BIBLIA?

61

R: Si un amigo se burla de la Biblia puedes decirle, de una forma amable, cómo te sientes y pedirle que deje de hacerlo. Es posible que tu amigo no sepa cuán especial es la Biblia para ti. Este incidente te dará la oportunidad de poder explicarle a tu amigo que la Biblia viene de Dios, quien creó el universo entero, y que ésa es la razón de por qué la Biblia es muy importante para ti. Quizá tú podrías ser la primera persona que lo ayude a entender que el mensaje de la Biblia es para todo el mundo. Si tu amigo no te quiere escuchar no insistas, y ora por él o por ella.

VERSÍCULOS CLAVE: *Pero aun si llegáis a padecer por causa de la justicia, sois bienaventurados. Por tanto, no seáis atemorizados por temor de ellos ni seáis turbados. Más bien, santificad en vuestros corazones a Cristo como Señor y estad siempre listos para responder a todo el que os pida razón de la esperanza que hay en vosotros, pero hacedlo con mansedumbre y reverencia (1 Pedro 3:14, 15).*

VERSÍCULOS RELACIONADOS: *Proverbios 30:5; Juan 17:17; 2 Timoteo 3:16*

NOTA A LOS PADRES: *Hable con su familia acerca de la importancia de las Escrituras. Asegúrese de que sus hijos entienden bien que no hay ni habrá otro libro inspirado por Dios como la Biblia. Dios nos muestra en su Palabra quién es exactamente él, cómo nos ama, y cuán importante es para nosotros amarlo a él. Esta es otra buena oportunidad para enseñar a sus hijos cómo pueden explicarle a otros lo que ellos creen. Busque algún material de ayuda.*

SER ACEPTADO

El deseo de
ser popular

P: ¿CÓMO LLEGA ALGUIEN A SER POPULAR?

62

R: La mejor manera de ser popular es siendo una persona positiva, simpática y que ayuda a los demás, alguien con quien la gente desea estar. Si tú eres esa clase de persona, los que lleguen a conocerte te apreciarán por quien eres. Poco a poco lograrás agradar a los que vayas conociendo. Pero nunca pretendas aparentar ser lo que no eres, solo porque deseas agradar a los demás. Sé la clase de persona que Dios quiere que seas sin que importe si llegas a ser popular o no. En otras palabras, sé como Jesús.

VERSÍCULO CLAVE: *Más bien, sed bondadosos y misericordiosos los unos con los otros, perdonándoos unos a otros, como Dios también os perdonó a vosotros en Cristo (Efesios 4:32).*

VERSÍCULOS RELACIONADOS: *Proverbios 10:32; Efesios 4:29*

PREGUNTAS RELACIONADAS: *¿Cómo haces para agradarle a la gente? ¿Debo hacer lo que hacen mis amigos para ser popular?*

NOTA A LOS PADRES: *Casi todos los grupos de niños utilizan la ley del más fuerte, con el elemento más popular a la cabeza. Los niños están conscientes de esta ley y muchos quieren subir al primer lugar. Diversos factores determinan ese primer lugar: estatura, apariencia, simpleza, etc. Explíqueles que aunque es bueno agradar a otros, una persona no tiene necesariamente que agradarle a todos los demás. No dude en brindarles a sus hijos un poco de atención extra en casa. Esto puede prevenir, a largo plazo, el que sus hijos se preocupen excesivamente por la posición que cualquier grupo les otorgue.*

P: ¿ESTÁ BIEN EL SER POPULAR?

63

R: No hay nada malo con ser popular, si es por una razón correcta. Algunos chicos son populares porque son amables y se preocupan por los demás. A veces algunos cristianos no son populares porque ellos mantienen firme su posición en cuanto a lo que es recto. Tienen que decir cosas que la gente no quiere escuchar, y hacer lo que es correcto aunque casi todos los demás estén haciendo lo que es equivocado. (¡Los profetas de la Biblia no fueron muy populares!) Es mucho más importante tener la aprobación de Dios que el ser popular entre la gente.

———————————————

VERSÍCULO CLAVE: *¿Busco ahora convencer a los hombres, o a Dios? ¿Será que busco agradar a los hombres? Si yo todavía tratara de agradar a los hombres, no sería siervo de Cristo (Gálatas 1:10).*

VERSÍCULOS RELACIONADOS: *Juan 5:44; 12:42, 43; Hechos 5:29; Romanos 2:13*

NOTA A LOS PADRES: *Si su hijo quiere ser más popular no se preocupe demasiado; es normal y correcto. Ellos estarán tratando de imaginar qué deben hacer para ganar más popularidad. Cuando usted los aconseje cómo deben actuar en la escuela, asegúreles además que Dios los ama y usted también. El que ellos se sientan seguros de este amor los ayudará a tratar de agradar a Dios y de agradarle a usted, lo que a su vez les ayudará a llenar esa necesidad que tienen de ser populares.*

P: ¿TIENES QUE USAR MAQUILLAJE O VESTIRTE A LA MODA PARA QUE LE AGRADES A LA GENTE?

64

R: Algunos comerciales, programas televisivos, revistas y películas lo hacen parecer de esa manera, pero eso no es verdad. La atención y la popularidad que se ha conseguido en base al maquillaje o la ropa no dura mucho. Debes agradarle a la gente por lo que tú eres. Es bueno ser pulcro y verse *agradable*, pero es mucho más importante aún ser *agradable*. Las personas se sienten atraídas por aquellos que son amables y cariñosos.

VERSÍCULOS CLAVE: *Vuestro adorno no sea el exterior, con arreglos ostentosos del cabello y adornos de oro, ni en vestir ropa lujosa; sino que sea la persona interior del corazón, en lo incorruptible de un espíritu tierno y tranquilo. Esto es de gran valor delante de Dios (1 Pedro 3:3, 4).*

VERSÍCULOS RELACIONADOS: *Mateo 6:31-33; Lucas 12:15; Filipenses 4:11, 12; 1 Timoteo 6:8*

NOTA A LOS PADRES: *Aunque la mayoría de los niños no están muy conscientes de las modas, muchos de los padres sí lo están, por lo que muchos niños se visten como modelos de revista. Esto pone presión sobre los otros niños para querer obtener ropa nueva todo el tiempo. No caiga en esta trampa. Usted puede hacer que sus niños se vistan bien y con estilo sin incurrir en gastos excesivos en ropa de diseñadores famosos. Explíqueles a sus hijos que está bien el usar ropa a la moda (siempre y cuando no caigan en los extremos), pero es vital ser una persona correcta aun dentro de esas ropas. El carácter, y no la ropa, es lo que hace a la persona.*

P: ¿CÓMO PUEDES LOGRAR AGRADARLE A ALGUIEN SI NO ERES TAN POPULAR COMO TODOS LOS DEMÁS?

Estaré contigo ahora mismo, Max. ¡Solo necesito ordenar un café latté descafeinado doble, y hablar con el presidente de mi club de admiradores!

65

R: Tú no puedes forzar el caerles bien a las personas, ni tratar de convencerlas para que lo hagan. Tampoco debes hacer todo lo que ellos dicen solo para que sean tus amigos. Cuando tú vives para Jesús y dejas que el Espíritu Santo controle tus acciones, agradarás a la gente por lo que tú eres. Así que la idea es que la gente te conozca tal como eres realmente. Tú puedes agradarle a la gente, aun cuando no llegues a ser el más popular. La gente abierta y amable es popular, pero tú puedes agradar a otros aun cuando seas tranquilo. Un grupo pequeño de amigos que disfrutan en hacer las mismas cosas puede ser tan divertido como un grupo grande de los integrados por los más populares. Dios hizo a cada persona especial y única, así que debemos valorar a cada persona (incluyéndonos a nosotros), no importa si son populares o no.

VERSÍCULOS CLAVE: *Pero el fruto del Espíritu es: amor, gozo, paz, paciencia, benignidad, bondad, fe, mansedumbre y dominio propio. Contra tales cosas no hay ley (Gálatas 5:22, 23).*

VERSÍCULOS RELACIONADOS: *Lucas 22:24-26*

NOTA A LOS PADRES: *A medida que los niños crecen se irán familiarizando con la ley del más fuerte en los grupos a los cuales pertenecen (ver la nota de la pregunta # 66). Busque aquellos grupos —en la iglesia, coros de la comunidad y algunos equipos deportivos— donde los otros niños que se reúnen estén dispuestos a aceptar a los suyos por lo que ellos son. Usualmente, la característica del grupo es fijada por un adulto que se interesa por ellos.*

Ser aceptado-El deseo de ser popular

P: ¿POR QUÉ ALGUNOS NIÑOS PIENSAN QUE UNA COSA ES FANTÁSTICA UN DÍA Y TONTA AL DÍA SIGUIENTE?

ALBERTO, ESOS ZAPATOS PASARON DE MODA AYER A LAS 3:00 DE LA TARDE.

¡OH, GRANDIOSO! LO POPULAR TIENE FECHA DE VENCIMIENTO.

66

R: La gente cambia, así que estos niños seguramente cambiaron de manera de pensar. Piensa en las veces que tú hiciste lo mismo. ¿Cuál fue tu programa favorito de televisión el año pasado? ¿Qué acerca de tu grupo musical favorito? Seguramente tus favoritos son diferentes ahora. A medida que los chicos crecen, crecen sus gustos por las cosas. Así lo que que a ellos les gustaba hace un año y aun hace pocos meses puede cambiar. Recuerda también que las modas cambian rápidamente. Algo está de moda un día y fuera de moda al siguiente día. Esta es una buena razón para no tomar la moda tan en serio, ni tratar de seguir cada moda nueva que llega.

VERSÍCULO CLAVE: *Cuando yo era niño, hablaba como niño, pensaba como niño, razonaba como niño; pero cuando llegué a ser hombre, dejé lo que era de niño (1 Corintios 13:11).*

VERSÍCULO RELACIONADO: *1 Pedro 1:24*

NOTA A LOS PADRES: *Los niños son susceptibles a las modas. Discuta con sus hijos el poder de la publicidad; los anuncios publicitarios son el origen de muchas modas. Tengan un momento de diversión analizando las estrategias de los anunciantes y hasta respondiendo juntos al televisor cuando sale en la pantalla uno de esos anuncios publicitarios. Podrían decir algo como: "Vamos, ¡nosotros no necesitamos eso!" "¿A quién tratan de engañar?" "¡Nadie va a querer tener uno de esos el mes que viene!"*

P: ¿POR QUÉ ALGUNOS GRUPOS DE NIÑOS SE VISTEN, HABLAN Y ACTÚAN DE LA MISMA MANERA?

67

R: A las personas les gusta pertenecer y ser aceptadas como parte de un grupo. A veces los niños se unirán a un grupo de amigos, casi como si fuera un club. Entonces esos muchachos se vestirán igual, hablarán igual y hasta actuarán de la misma manera. Tal vez tienen temor de ser segregados o que se rían de ellos, o tal vez están juntos solo porque les gustan las mismas cosas. Es bueno ser parte de un grupo, pero ten cuidado de no formar una pandilla (un grupo que piensa que es mejor que todos los demás). No permitas que ningún grupo te obligue a vestirte, hablar o actuar de una manera que a ti no te agrada y que tú sabes no es correcta. Mantén tu compromiso a tus creencias, y confía en tus propios gustos.

VERSÍCULOS CLAVE: *Porque si amáis a los que os aman, ¿qué recompensa tenéis? ¿No hacen lo mismo también los publicanos? Y si saludáis solamente a vuestros hermanos, ¿qué hacéis de más? ¿No hacen eso mismo los gentiles? (Mateo 5:46, 47).*

VERSÍCULO RELACIONADO: *1 Juan 2:15*

PREGUNTA RELACIONADA: *Si deseo integrarme a un grupo de muchachos, ¿debo ser como ellos?*

NOTA A LOS PADRES: *Encajar con sus compañeros puede ser un gran dilema para los niños. Trate de complacer a sus hijos sin excederse. Dígales que está bien ser como los demás del grupo siempre y cuando agraden a Dios con lo que hacen. Anímelos a mantener también la amistad con otros que no forman parte del grupo.*

P: ¿DEBO USAR UN SOBRENOMBRE ATRACTIVO?

68

R: Es divertido tener un sobrenombre, especialmente si éste nos hace quedar bien. Pero los sobrenombres usualmente vienen de los demás y éstos describen cómo nos ve la gente. No es igual si nosotros mismos lo escogemos. Pero no necesitas tener un buen sobrenombre para ser una buena persona. Si tus amigos te llaman por un sobrenombre que te agrada, diles que pueden seguir llamándote así.

VERSÍCULOS CLAVE: *Y constituyó a los doce: a Simón (a quien le puso por nombre Pedro), a Jacobo hijo de Zebedeo, y a Juan el hermano de Jacobo (a ellos les puso por nombre Boanerges, es decir, hijos del trueno) (Marcos 3:16, 17).*

VERSÍCULO RELACIONADO: *Hechos 4:36*

NOTA A LOS PADRES: *Desafortunadamente los niños pueden escoger sobrenombres crueles o degradantes para sus compañeros, así que no conceda permiso a los amigos para que llamen en público a sus hijos con esos nombres poco usuales. Si cuando su hijo era pequeño usted solía llamarlo por un sobrenombre (bebé, muñequito, bomboncito, etc.), asegúrese de que fuera de su hogar este sobrenombre no sea usado en una forma despectiva o burlona.*

P: ¿DEBES SER BUENO EN ALGÚN DEPORTE PARA SER POPULAR?

69

R: Los buenos atletas son populares porque la gente disfruta los deportes y les gustan los ganadores. Pero no todos los atletas son del agrado de los demás, y tú no tienes que ser atlético para ser popular. No trates de ser lo que no eres. Si estás en algún deporte, pon lo mejor de ti y juega fuerte y honestamente, disfruta de ti mismo, en vez de preocuparte de lo que los demás piensan. Si no eres bueno para los deportes, seguramente disfrutarás otro tipo de actividades. Sé tú mismo, y deja que la popularidad se cuide a sí misma.

VERSÍCULO CLAVE: *Porque el ejercicio físico para poco aprovecha; pero la piedad para todo aprovecha, pues tiene promesa para la vida presente y para la venidera (1 Timoteo 4:8).*

VERSÍCULO RELACIONADO: *1 Corintios 9:25*

PREGUNTA RELACIONADA: *¿Por qué los héroes son tan populares?*

NOTA A LOS PADRES: *Su hijo puede repentinamente interesarse en los deportes o desea unirse a un equipo porque quiere ser popular. Frecuentemente los muchachos quieren probar un deporte porque sus amigos lo están jugando. Usted puede pensar que su hijo lo está haciendo por una razón equivocada. Eso está bien. Puede ser una manera de expandir sus intereses y habilidades. Los deportes también le ayudan a desarrollar las habilidades sociales, tales como el trabajo de grupo.*

P: SI ALGUIEN NO ES POPULAR, ¿POR QUÉ LOS DEMÁS PIENSAN QUE VALE MENOS COMO PERSONA?

OBTENGA EL AUTÓGRAFO DEL LEVANTADOR DE PESAS

Colchones para el cuerpo

70

R: Los niños populares no son mejores que los demás niños, especialmente si han logrado la popularidad por las razones equivocadas. Cada persona, incluyéndote a ti, es creación valiosa de Dios. No es correcto ver a los demás como inferiores, pues la Biblia nos enseña que todos somos importantes y valiosos para Dios. Él quiere que tratemos bien y con respeto a los demás. Si tú te estás preguntando por qué los niños más populares no te prestan atención, ten cuidado de que tú mismo no estés ignorando a otros que son menos populares que tú. Haz todo lo que esté de tu parte para que los demás se sientan bien y respetados, sin importar qué tan populares sean.

___

VERSÍCULOS CLAVE: *Entonces los justos le responderán diciendo: "Señor, ¿cuándo te vimos hambriento y te sustentamos, o sediento y te dimos de beber? ¿Cuándo te vimos forastero y te recibimos, o desnudo y te vestimos? ¿Cuándo te vimos enfermo, o en la cárcel, y fuimos a ti?" Y respondiendo el Rey les dirá: "De cierto os digo que en cuanto lo hicisteis a uno de estos mis hermanos más pequeños, a mí me lo hicisteis" (Mateo 25:37-40).*

VERSÍCULOS RELACIONADOS: *Salmo 100:3; 139:14; Juan 5:41; 1 Corintios 4:3, 4, 10-13; Efesios 2:10*

NOTA A LOS PADRES: *El verdadero problema puede ser que sus hijos crean que los demás los consideren inferiores. Ellos pueden estar experimentando el rechazo. Cuando el camino de las relaciones sociales en la escuela es difícil, la atmósfera del hogar se vuelve especialmente importante. Pase tiempo individualmente con cada uno de sus hijos porque ellos son los "hermanos y hermanas" a los que Jesús espera que usted haga el bien.*

Ser aceptado-El deseo de ser popular

P:

¿POR QUÉ MI AMIGA SIEMPRE ME PIDE QUE LE PREGUNTE A LA GENTE QUÉ PIENSAN DE ELLA?

71

R: Tu amiga puede estar insegura y temerosa. Puede pensar que ella no le agrada a nadie, y quizá está temerosa de hablar directamente a las personas. Trata de no ser atrapado en una situación como ésta. En vez de eso, asegúrale a tu amiga que *a ti* te agrada ella, que *tú* piensas que ella es especial. Si quieres ayudarla a conocer más personas, invítala a una actividad con tu grupo de la iglesia. También puedes invitar a una o dos amigas a tu casa cuando la invites a ella. Si tu amiga quiere que tú averigües si ella le cae bien a los muchachos, es mejor que no te involucres en ello.

VERSÍCULO CLAVE: *En cuanto a lo demás, hermanos, regocijaos. Sed maduros; sed confortados; sed de un mismo sentir. Vivid en paz, y el Dios de paz y de amor estará con vosotros (2 Corintios 13:11).*

VERSÍCULOS RELACIONADOS: *1 Samuel 20:3-17; 1 Tesalonicenses 5:14*

PREGUNTA RELACIONADA: *¿Debes preguntarles a las personas qué piensan de ti?*

NOTA A LOS PADRES: *Es natural que los niños a medida que crecen se sientan preocupados por la opinión que los demás tengan sobre ellos. Ayude a que sus hijos aprendan cómo afirmar a sus amigos, y cómo hacer que ellos se sientan bien con ellos mismos. Haga de su hogar un lugar seguro donde los amigos de sus hijos se sientan bienvenidos y aceptados.*

P: ¿DEBO JUNTARME CON LA GENTE POPULAR PARA QUE YO TAMBIÉN PUEDA LLEGAR A SERLO?

¡AUMENTE SU POPULARIDAD! RETRÁTESE CON MAX Y ¡EL MEJOR CANTANTE DE RAP! SOLO $1 POR FOTO

72

R: Esto puede parecer una buena manera de hacerse popular, pero esa clase de popularidad es superficial y no durará mucho. Está bien ser amigo de los niños populares, pero no está bien hacer todo lo que ellos te dicen para que te acepten. En vez de eso, sé una persona recta con la cual todos quieran juntarse. Confía en la realidad de que Dios te ama. Y recuerda que la Biblia nos enseña que debemos pensar en las necesidades de los otros, no solo en las nuestras. Dale tiempo y atención a los niños que no son tan populares y ayúdalos a que se sientan bien con ellos mismos. Te sorprenderá lo bien que te sentirás cuando logres hacer que otros se sientan bien.

VERSÍCULO CLAVE: *¡Ojalá fuesen estables mis caminos para guardar tus leyes! (Salmo 119:5).*

VERSÍCULOS RELACIONADOS: *Proverbios 13:20; 1 Juan 3:18, 19*

PREGUNTA RELACIONADA: *Si los muchachos que son populares no me permiten juntarme con ellos, ¿debo preguntarles por qué?*

NOTA A LOS PADRES: *La madurez física, social y mental varía notablemente en cada niño. Además algunos niños dentro del mismo grado pueden ser mayores que otros hasta por once meses. Si sus hijos son menos maduros, tal vez ellos quieran juntarse con muchachos más maduros para lograr mayor popularidad. Probablemente esta no es una buena idea. Conozca a los amigos de sus hijos para que determine qué clase de influencia tienen ellos sobre sus hijos. Anímelos a conservar la amistad de aquellos que están en su mismo nivel de desarrollo. Invítelos a su casa aun antes de que sus hijos lo hagan.*

LA CALIFICACIÓN PERFECTA

PERFECTA

Relaciones con los maestros

P: ¿POR QUÉ ALGUNOS MAESTROS SON SIMPÁTICOS CON OTROS ESTUDIANTES Y DUROS CONMIGO?

73

R: La mayoría de los maestros procuran ser justos y tratan a sus estudiantes por igual, pero hay situaciones en las que parecería que no es así:
1. Es fácil ser simpático con los niños que escuchan con atención, que procuran aprender, que hacen su trabajo a tiempo, y que evitan los conflictos. Y es natural no sentir simpatía por los que tienen malas actitudes.
2. Dios le ha dado a la gente personalidades diferentes. Y aunque debemos amar a todos, nos llevamos mejor con unos que con otros. Con los maestros también sucede así. Te habrás dado cuenta de que con unos maestros te llevas bien, pero con otros super bien.
3. Algunos niños se ponen nerviosos solo de pensar qué piensan los maestros de ellos. Por eso juzgan mal y califican de negativas algunas de sus palabras y acciones. Si tienes problema con tu maestro, ora y luego haz lo mejor para cooperar y aprender. Eso hará maravillas.

VERSÍCULOS CLAVE: *Hijo mío, no te olvides de mi instrucción, y guarde tu corazón mis mandamientos;... y hallarás gracia y buena opinión ante los ojos de Dios y de los hombres (Proverbios 3:1, 4).*

VERSÍCULO RELACIONADO: *Lucas 6:31*

PREGUNTAS RELACIONADAS: *¿Por qué algunos maestros son severos? ¿Por qué algunos son desagradables y otros simpáticos?*

NOTA A LOS PADRES: *Si su hijo se queja de que su maestro es desagradable, no juzgue al maestro. En vez de eso, converse con su hijo y vea si juntos pueden descubrir cuál es el problema. Si eso no funciona, hable con el maestro y escuche la otra versión de la historia.*

La calificación perfecta-Relaciones con los maestros

P:

¿POR QUÉ ALGUNOS MAESTROS PASAN POR ALTO ALGUNAS COSAS, MIENTRAS OTROS TE LLAMAN LA ATENCIÓN HASTA PORQUE SE TE CAE EL LÁPIZ?

74

R: Algunos maestros son tranquilos, pero otros son más nerviosos. Algunos tienen pocas reglas en clase, mientras que otros son más estrictos. Ninguno es mejor que el otro. Si tu maestro es un poco nervioso y estricto, ten cuidado de actuar de una forma recta y obedecer sus reglas. Tú puedes llevarte bien con cualquier maestro, si lo intentas. Recuerda que aun cuando crezcas, siempre tendrás que relacionarte con diferentes tipos de personas. Por ejemplo, puedes llegar a tener un jefe que es muy estricto. Si tú te puedes llevar bien con los demás, tendrás más oportunidades de avanzar y sobresalir. Si no puedes, podrías llegar a sentirte frustrado y desanimado.

VERSÍCULO CLAVE: *El discípulo no es más que su maestro, ni el siervo más que su señor (Mateo 10:24).*

VERSÍCULO RELACIONADO: *Romanos 13:3*

PREGUNTA RELACIONADA: *¿Por qué algunos niños reciben atención, pero otros solo se meten en problemas?*

NOTA A LOS PADRES: *Los maestros que parecen estrictos y mantienen su clase bajo control, usualmente son más sistemáticos y organizados con sus métodos de enseñanza. Los niños que tienden a ser creativos o les gusta alternar con la gente pueden quejarse acerca de un maestro de este tipo. Pero este tipo de estudiantes son los que más se pueden beneficiar de este procedimiento. Hágales entender a sus hijos que un maestro estricto no es necesariamente malo; la disciplina en clase es un poco más complicada que eso.*

P: ¿POR QUÉ ALGUNOS MAESTROS LE FACILITAN A CIERTOS ALUMNOS EL OBTENER BUENAS CALIFICACIONES, PERO LO HACEN DIFÍCIL PARA OTROS?

75

R: Puede parecer que algunos maestros estrictos hacen las cosas más fáciles para algunos alumnos que para otros, pero todos ellos intentan ser justos. Y realmente se esfuerzan por tratar a todos de igual manera. También, la mayoría de los maestros se preocupan de que sus estudiantes trabajen duro y hagan las cosas lo mejor que puedan. Ellos quieren que los niños aprendan, no solo que obtengan buenas calificaciones. Por lo tanto, a veces tienen que poner un poco de presión en ciertos estudiantes para que trabajen más duro. En vez de preocuparte por otros, asegúrate de que *tú* trabajas duro y *tú* haces las cosas lo mejor que puedes.

VERSÍCULO CLAVE: *Hermanos, también os exhortamos a que amonestéis a los desordenados, a que alentéis a los de poco ánimo, a que deis apoyo a los débiles, y a que tengáis paciencia hacia todos (1 Tesalonicenses 5:14).*

VERSÍCULO RELACIONADO: *Ezequiel 33:20*

PREGUNTAS RELACIONADAS: *¿Por qué tenemos que tomar exámenes? ¿Por qué los maestros tienen que calificar los exámenes? ¿Cuál es el objetivo de que el maestro dibuje una cara feliz en tu examen?*

NOTA A LOS PADRES: *Los maestros pueden presionar a los niños que ellos creen que no están usando todo su potencial. En otras palabras, mientras un estudiante debe trabajar muy duro solo para entender el material y pasar la materia, otro puede fácilmente obtener un 100. El maestro puede presionar al alumno que tiene el 100 para desafiar al otro estudiante. Deje que los niños sepan que el maestro los puede estar presionando porque él piensa que ellos tienen la capacidad de aprender aún más de lo que ya han estado aprendiendo.*

P: ¿POR QUÉ ALGUNOS MAESTROS PIDEN MUCHA TAREA PARA HACER EN CASA?

76

R: Los maestros piden tareas porque son buenos maestros y desean ayudarte a aprender. Las tareas en casa te recordarán lo que el maestro enseñó en clase y te ayudarán a ponerlo en práctica. El sistema escolar fue designado para incluir tareas. No son un castigo, son una parte importante del aprendizaje. El mejor modo de terminar la tarea es haciéndola de inmediato. No la dejes para el último minuto. Es buena idea hacerla antes de ver televisión, jugar con los amigos, y hablar por teléfono. Aun cuando no tengas tareas pendientes para hacer en casa, puedes repasar con tu familia lo que has aprendido ese día.

VERSÍCULO CLAVE: *Hijo mío, deja de atender la enseñanza que te hace divagar de las palabras del conocimiento (Proverbios 19:27).*

VERSÍCULOS RELACIONADOS: *Proverbios 17:16; 21:5; 2 Timoteo 2:15*

PREGUNTAS RELACIONADAS: *¿Por qué nunca nos piden tarea los viernes? ¿Por qué tenemos que hacer tarea?*

NOTA A LOS PADRES: *La tarea puede ser una bendición si le ayuda al niño a aprender cómo ser organizado y disciplinado. Ayude a su hijo a tener un horario fijo para cada cosa diariamente, y enséñele a hacer su trabajo sin que usted le ruegue. Se puede apilar demasiada tarea en una sola noche, especialmente si el horario de actividades es muy pesado. Por ejemplo, una tarde y una noche de un día pueden incluir lecciones de música, práctica de algún deporte, y una reunión del club bíblico. Cuando esto suceda, usted tendrá que fijar prioridades. Los maestros, los entrenadores y los líderes de la iglesia entenderán y trabajarán con usted, si usted les presenta el dilema.*

P: ¿POR QUÉ EL MAESTRO NO ME PERMITE SENTARME JUNTO A MI AMIGO?

77

R: Tu maestro probablemente sabe que no aprenderás mucho si te sientas enseguida de tu amigo. Algunas veces, cuando los amigos se sientan juntos hablan o se pasan notas en vez de poner atención a lo que el maestro está tratando de enseñar. El propósito de ir a la escuela es aprender, y los maestros quieren que sus alumnos aprendan sin ninguna distracción. Tú puedes jugar con tus amigos durante el receso. Si tú tienes la oportunidad de sentarte junto a tu amigo, pon atención y no hables o juegues durante la clase. Cuando los maestros vean que tú y tu amigo ponen atención y están aprendiendo no habrá ninguna razón para separarlos.

VERSÍCULO CLAVE: *En toda labor hay ganancia, pero la palabra sólo de labios lleva a la pobreza (Proverbios 14:23).*

VERSÍCULO RELACIONADO: *Proverbios 23:12*

NOTA A LOS PADRES: *Ayude a sus hijos a entender que está bien tener amigos, y que a usted le agrada que ellos tengan amigos en la escuela, pero que el aprendizaje viene primero. Explíqueles a sus hijos la importancia de obedecer las reglas y no distraer a los demás, sin importar quién se sienta enseguida de ellos. Quién sabe, quizá algún día podrían estar sentados al lado de un amigo.*

P: ¿POR QUÉ DEBEMOS RESPETAR A LOS MAESTROS?

78

R: La Biblia dice que Dios espera que sus hijos respeten a aquellos que tienen autoridad sobre ellos. Esto incluye a los maestros. Además, para que los maestros puedan dar lo mejor de sí mismos, ellos necesitan el respeto de sus estudiantes. Si tú respetas a tus maestros, serás amable y atento con ellos, los escucharás, y harás lo que ellos te dicen. Recuerda, el único que se beneficia de que tú vayas a la escuela y aprendas eres tú mismo. Si tú no cooperas, ni escuchas, ni aprendes, no estarás lastimando para nada al maestro, te estarás lastimando a ti mismo y a tu futuro.

VERSÍCULO CLAVE: *Porque los gobernantes no están para infundir el terror al que hace lo bueno, sino al que hace lo malo. ¿Quieres no temer a la autoridad? Haz lo bueno y tendrás su alabanza (Romanos 13:3).*

VERSÍCULO RELACIONADO: *Lucas 6:40*

PREGUNTAS RELACIONADAS: *¿Por qué algunos estudiantes no respetan a los maestros? Si los maestros quieren que los respetemos y les obedezcamos, ellos tienen que respetar a los niños primero, ¿no es verdad?*

NOTA A LOS PADRES: *Enséñeles a sus hijos que aunque usted podría no estar siempre de acuerdo con los maestros de ellos, aun así los respeta. Enséñeles también que cuando los envía a la escuela, usted está extendiendo su autoridad paternal a los maestros y al personal administrativo de la escuela. Así que si ellos son irrespetuosos y desobedientes con alguna autoridad de la escuela, es como si lo estuvieran siendo con usted mismo.*

P: ¿POR QUÉ ALGUNOS NIÑOS SON SUSPENDIDOS DE LA ESCUELA?

79

R: El propósito de la escuela es proveer un ambiente seguro donde los estudiantes aprendan cosas que van a necesitar cuando ellos crezcan. Los niños que violan las reglas concerniente a armas, drogas, peleas, y cosas similares hacen muy difícil el aprendizaje para los demás alumnos. Algunas veces, por el bienestar de los demás, estos niños tienen que ser sacados del salón de clase y aun hasta ser suspendidos de la escuela. Se espera que el castigo que ellos reciben les enseñe a no ser una amenaza para la seguridad de otras personas.

VERSÍCULO CLAVE: *Echa fuera al burlador, y se evitará la contienda; también cesarán el pleito y la afrenta (Proverbios 22:10).*

VERSÍCULOS RELACIONADOS: *Proverbios 19:25; 21:11*

NOTA A LOS PADRES: *Hace algunos años las supensiones de estudiantes en las escuelas primarias eran muy raras. Sin embargo, recientemente y por causa de la violencia entre los niños, cada amenaza es tomada muy en serio. Por esa razón los niños son suspendidos por decir cosas como: "te voy a matar", o "te va a pesar". Ayude a sus hijos a entender que ser suspendido de la escuela es algo muy serio. Los niños que han sido suspendidos de la escuela deben de haber hecho cosas más peligrosas de lo que el resto de la clase se puede imaginar.*

P:

¿POR QUÉ ALGUNOS NIÑOS SE APROVECHAN DE UN MAESTRO SUPLENTE?

80

R: Algunos estudiantes piensan que, como el maestro suplente no los conoce bien, ni sabe todos los procedimientos y las reglas de la escuela, o lo que los niños deben estar estudiando, pueden ser rudos con él y no obedecer lo que el maestro suplente les pide. Si otros niños te presionan para que te unas con ellos para hacerle bromas pesadas al maestro suplente, no lo hagas. Los maestros suplentes deben ser tratados con el mismo respeto que los maestros regulares. Además, es casi seguro que el maestro suplente escribirá una nota al maestro regular para informarle sobre el comportamiento que cada estudiante tuvo en la clase.

VERSÍCULO CLAVE: *Pagad a todos lo que debéis: al que tributo, tributo; al que impuesto, impuesto; al que respeto, respeto; al que honra, honra (Romanos 13:7).*

VERSÍCULOS RELACIONADOS: *1 Corintios 16:10; 1 Pedro 2:17*

PREGUNTA RELACIONADA: *Cuando nuestra clase tiene un maestro suplente, ¿por qué le decimos que nuestro maestro regular nos permite salir quince minutos más temprano?*

NOTA A LOS PADRES: *Aun cuando el hacerle pesada la tarea a los maestros suplentes sea como una "costumbre consagrada", debemos decir a nuestros hijos qué esperamos de ellos, para que no se involucren en esta fea costumbre.*

P:
¿POR QUÉ LOS MAESTROS NO VAN DIRECTO AL PUNTO, EN VEZ DE ESTAR HABLANDO TANTO ACERCA DE UN TEMA?

81

R: Algunos niños tienen más dificultad que otros en aprender algunas materias. Los buenos maestros se toman el tiempo suficiente para enseñar a *todos* los estudiantes en una clase, no solo a los que entienden de inmediato la materia. Algunas veces los maestros explican otro material que también es importante, y añaden los hechos y las razones de por qué lo están enseñando. Escucha y pon atención, ¡tú puedes aprender algo!

VERSÍCULO CLAVE: *Ellos leían en el libro de la Ley de Dios, explicando y aclarando el sentido, de modo que entendiesen la lectura (Nehemías 8:8).*

VERSÍCULOS RELACIONADOS: *Josué 8:34, 35; Eclesiastés 12:11; Filipenses 3:1*

PREGUNTAS RELACIONADAS: *¿Por qué los maestros explican demasiado las cosas? ¿Por qué los maestros no te dan una hoja con las indicaciones de qué hacer? ¿Por qué los maestros se enfadan contigo cuando no entiendes si ellos no explican bien?*

NOTA A LOS PADRES: *Usualmente en la escuela primaria, los maestros no dan conferencias muy largas. Si sus hijos hacen estas preguntas, el problema puede ser que ellos no se sienten estimulados en clase. O puede ser que alguno de sus hijos tenga problemas de aprendizaje, o un estilo diferente de aprendizaje y esto le cause dificultades para entender lo que se está enseñando. Quizá usted podría hablar con el maestro acerca de esto y explicarle que cree que su hijo podría responder mejor a las instrucciones escritas que a las orales.*

P:

¿POR QUE A MIS AMIGOS LES TOCAN LOS MAESTROS DIVERTIDOS Y A MÍ LOS DESAGRADABLES?

82

R:
¡Enfrentémoslo! Algunos maestros son más divertidos que otros. Cada uno es diferente, y se requiere de toda clase de maestros para enseñar a toda clase de niños. Pero nadie está tratando de hacer que a ti no te toquen los maestros divertidos. Mantén una buena actitud hacia la clase, y bríndales una oportunidad a tus maestros. Tú puedes descubrir que son más divertidos de lo que pensabas. Recuerda el dicho popular de que el "pasto del vecino está más verde". Otros niños pueden pensar que eres tú el que tiene a los maestros más divertidos.

VERSÍCULO CLAVE: *El Predicador procuró hallar palabras agradables y escribir correctamente palabras de verdad (Eclesiastés 12:10).*

PREGUNTA RELACIONADA: *¿Por qué los maestros no nos dejan jugar todo el día?*

NOTA A LOS PADRES: *Enseñe a sus hijos a tener siempre una buena actitud hacia sus maestros. Tal vez los maestros que parecen ser desagradables están solamente tratando de establecer su autoridad en el aula al principio del año escolar. Quizá semanas más tarde esos mismos maestros serán un poco más flexibles si la clase está bajo control.*

P: ¿POR QUÉ MI MAESTRO NO ESCOGE MIS TRABAJOS PARA COLOCARLOS EN LA PARED?

R: Por lo general los maestros escogen muy buenos trabajos para exhibirlos en clase. *Muy bueno,* podría significar las calificaciones más altas en una tarea o en un examen. *Muy bueno,* podría ser un dibujo o un proyecto hermoso. Pero *muy bueno,* también podría significar una gran mejora. El maestro tal vez quiera reconocer al estudiante que ha tenido mayor progreso en la clase. Haz lo mejor de tu parte. Es un honor tener tu trabajo en exhibición, pero no te preocupes demasiado por eso. Solo porque tu trabajo no está en exhibición, no quiere decir que no es bueno. El que tú hagas tu mejor esfuerzo es más importante que tener un papel exhibiéndose en la pared.

VERSÍCULO CLAVE: *Así que, examine cada uno su obra, y entonces tendrá motivo de orgullo sólo en sí mismo y no en otro (Gálatas 6:4).*

VERSÍCULO RELACIONADO: *Romanos 12:15*

NOTA A LOS PADRES: *Busque maneras de reafirmar el trabajo de sus hijos. Exhiba sus exámenes, tareas, y trabajos artísticos en su refrigerador o en una pared. Felicítelos por tratar de hacer las cosas lo mejor posible.*

P: ¿POR QUÉ ALGUNOS MAESTROS TIENEN CIERTAS REGLAS QUE NO TIENEN SENTIDO?

¡MAESTRO, MAESTRO! ¿POR QUÉ NO SE NOS PERMITE HACER PREGUNTAS DURANTE LA CLASE?

R: Casi todas las reglas tienen buenas razones para haber sido establecidas. Sin embargo, algunas veces, las razones pueden no parecer muy obvias, por lo tanto esas reglas parecen no tener sentido para ti. Es correcto preguntarle al maestro cuáles son sus razones, pero asegúrate de hacerlo en una forma amable. Es importante tener siempre una buena actitud en clase. Tú debes obedecer todas las reglas, te gusten o no te gusten. Si todos los niños desobedecen las reglas o solo obedecieran aquellas que les agradan, nadie sería capaz de aprender nada.

VERSÍCULO CLAVE: *Hazme entender el camino de tus ordenanzas, y meditaré en tus maravillas (Salmo 119:27).*

VERSÍCULO RELACIONADO: *Proverbios 6:23*

PREGUNTAS RELACIONADAS: *¿Por qué nos prohíben mascar chicle en la clase? ¿Por qué solo tenemos receso por media hora en vez de una hora?*

NOTA A LOS PADRES: *Anime y felicite a sus hijos por querer saber las razones que hay detrás de las reglas. Dígales que está bien que hagan preguntas como esas. Sin embargo, cerciórese de que realmente quieren una respuesta, y que no están buscando solo una excusa para quebrantar una regla.*
Por lo general cuando los niños entienden las razones que hay detrás de las reglas, y cómo las personas se benefician de ellas, la mayoría no tiene ningún problema en seguirlas.

ASUNTOS DE MATERIAS

El éxito en los estudios

P: ¿POR QUÉ TENEMOS QUE ESTUDIAR LAS MATERIAS QUE TAL VEZ NO NECESITAREMOS CUANDO SEAMOS GRANDES?

R: Algunas personas podrían pensar que la única razón para estudiar una materia en la escuela es para aprender algo que vas a necesitar en un trabajo futuro. Pero están equivocados. En algunas clases enseñan información y habilidades que los estudiantes pueden desarrollar. Otras clases les enseñan a los chicos cómo pensar. La mayoría de lo que tú aprendes en los primeros años de la escuela, tal como lectura y matemáticas te ayudará en muchas áreas de la vida. Tampoco sabes cuándo Dios te usará a ti y todo lo que has aprendido para ayudar a otros. Será muy emocionante ver cómo Dios algún día usará lo que estás aprendiendo ahora.

VERSÍCULO CLAVE: *Da al sabio, y será más sabio; enseña al justo, y aumentará su saber (Proverbios 9:9).*

VERSÍCULOS RELACIONADOS: *Proverbios 27:1; Daniel 1:4; 2 Timoteo 3:17*

PREGUNTAS RELACIONADAS: *¿Por qué tenemos que estudiar? Si a los niños no les gustan las materias, ¿por qué los maestros no las hacen más divertidas?*

NOTA A LOS PADRES: *Anime a sus hijos a tratar de hacer lo mejor posible en todas sus materias. Ayúdelos a entender que las cosas que aprendan hoy los preparará para muchas cosas, no solo para un trabajo futuro. Por ejemplo, tienen que aprender a seguir las instrucciones de una receta de cocina, a enseñar una clase de escuela dominical, a plantar un jardín, etc. Dado que nadie conoce el futuro, nadie puede predecir cuáles clases serán o no de valor.*

P:

SI TÚ YA HAS ESTUDIADO ALGO, COMO LAS SUMAS, ¿POR QUÉ DEBES SEGUIR ESTUDIÁNDOLO?

86

R: Para que una persona sea realmente buena en alguna habilidad, tiene que practicar bastante. Esto puede significar hacer los mismos ejercicios, practicar las mismas escalas, o revisar el mismo material una y otra vez. Esto es una realidad en los deportes y en la música, pero también lo es en las matemáticas y otras materias. También los problemas sencillos te llevarán a otros más complicados. No podrás resolver los problemas más difíciles si no has dominado bien los que son más fáciles.

VERSÍCULOS CLAVE: *Entonces entenderás la justicia, el derecho y la equidad: todo buen camino. Cuando la sabiduría entre en tu corazón y el conocimiento sea agradable a tu alma (Proverbios 2:9, 10).*

VERSÍCULO RELACIONADO: *Filipenses 3:1*

PREGUNTA RELACIONADA: *Cuando las matemáticas de mi nivel son fáciles, ¿por qué no me enseñan las más difíciles?*

NOTA A LOS PADRES: *Los libros de texto y el currículo de un distrito escolar están diseñados para repasar y reforzar el aprendizaje previo. Por lo general la primera parte del año escolar se usa para repasar lo que se aprendió el año anterior. Esto puede resultar aburrido para algunos niños, pero ayude a sus hijos a entender que esto es muy necesario.*

P:

¿POR QUÉ ALGUNAS PERSONAS ENCUENTRAN DIFÍCIL UNA MATERIA, CUANDO A OTRAS LES RESULTA FÁCIL?

ENTONCES, ¿QUÉ TENEMOS QUE HACER PARA ATRAPAR A UNA RANA?

BIOLOGÍA:
La vida en los estanques y el comportamiento de las ranas.

¡YO SÉ, YO SÉ! ¡RECOSTARSE A LA ORILLA DEL ESTANQUE, CON EL CABELLO LLENO DE MOSCAS MUERTAS!

87

R: Algunas personas son muy buenas para las matemáticas. Otras lo son para la lectura y la escritura. Aun otras son mejores porque trabajan más duramente que la mayoría de los estudiantes. Escuchan con atención en clase, hacen preguntas, y completan sus tareas. Algunas personas aprenden alguna materia de inmediato porque Dios les ha dado la habilidad de hacerlo. Cada persona es buena en diferentes cosas. ¿No es eso algo grandioso?

VERSÍCULO CLAVE: *A estos cuatro jóvenes Dios les dio conocimiento y habilidad en toda clase de escritura y sabiduría. Y Daniel era entendido en toda clase de visiones y sueños (Daniel 1:17).*

VERSÍCULOS RELACIONADOS: *Proverbios 14:6; Santiago 1:5*

NOTA A LOS PADRES: *Explíqueles a sus hijos que casi todas las personas tienen que trabajar muy duro en alguna materia. Puede ser por algo tan sencillo como las experiencias que ha tenido en su vida. Por ejemplo, un niño que se ha mudado y ha viajado con mucha frecuencia puede conocer más de geografía que aquellos que han vivido en el mismo lugar toda su vida. Estos últimos sí tendrán que estudiar más la geografía.*

P: ¿POR QUÉ ES TAN DIFÍCIL ENCONTRAR LAS COSAS EN MI ESCRITORIO?

R: Posiblemente porque está repleto de cosas. Es una buena idea que cada cierto tiempo revises tu escritorio y saques todas las notitas, envolturas, papeles viejos, comida descompuesta, lápices rotos, y otros materiales que no necesitas para tus clases. Enseguida asegúrate de que todo lo que necesitas se encuentra allí. Luego organiza todo; coloca cada artículo en cierto lugar de manera que sepas dónde está y lo puedas encontrar cuando lo necesitas. Trata de limpiar tu escritorio al principio o al final de cada año escolar. Eso te ayudará a no llenarlo de más cosas inútiles.

VERSÍCULO CLAVE: *Encomienda a Jehovah tus obras, y tus pensamientos serán afirmados (Proverbios 16:3).*

NOTA A LOS PADRES: *Asegúrese de que sus hijos no tengan sus escritorios tan desordenados que puedan perder los papeles con tareas, las notas de los maestros, los exámenes, las formas para permisos, etc. Si esto es un problema para cualquiera de los niños en su familia, hable con el maestro y pónganse de acuerdo para diseñar un plan que le ayude a solucionar este problema.*

P: ¿CÓMO PUEDO DEJAR DE SOÑAR DESPIERTO Y PONER MÁS ATENCIÓN EN CLASE?

R: Es muy fácil dejar vagar tu mente y soñar despierto durante las clases, especialmente cuando la clase no es muy interesante. Una manera de concentrarte y dejar de soñar despierto es tomando notas acerca de lo que el maestro está diciendo, tal vez hasta escribir preguntas que te vienen a la mente. Si esto no funciona, pídele algunas sugerencias a los maestros. A ellos les gusta que los alumnos quieran aprender y ellos tendrán mucho gusto en ayudar.

VERSÍCULO CLAVE: *Encomienda a Jehovah tu camino; confía en él, y él hará (Salmo 37:5).*

VERSÍCULOS RELACIONADOS: *Proverbios 2:1-4*

NOTA A LOS PADRES: *Algunos niños tienen muchas dificultades por esto. Para ellos es muy difícil dejar de soñar despiertos una vez que ya han empezado. Si usted cree que alguno de sus hijos tiene este problema, sería recomendable hablar con el maestro. Si los niños saben que el maestro hará, cuando menos, una pregunta al final de la clase, ellos pueden sentirse motivados a romper con ese mal hábito.*

P: ¿DEBES APRENDER MATEMÁTICAS SOLO SI DESEAS SER UN PILOTO O UN CONSTRUCTOR?

VAMOS A VER, SI DUPLICO LA RECETA DE ESTA TARTA QUE ALCANZA PARA 17 PERSONAS, Y REDUZCO EL AZÚCAR EN UN TERCIO, ESO SERÁ SUFICIENTE PARA..

¡MAMÁ, SOLO MULTIPLICA LA RECETA POR UN METRO CUADRADO!

R: Te sorprenderías de saber cuánto se usan las matemáticas en la vida. La gente en toda clase de trabajos las usan todos los días, no solo los pilotos y los constructores. Los ingenieros, los escritores, las amas de casa, los músicos, los doctores, los gerentes y aun los atletas profesionales usan las matemáticas. Aun si solo quieres pintar un cuarto de tu casa vas a usar las matemáticas para calcular cuánta pintura necesitas comprar. Casi todo lo que tú aprendas ahora te ayudará a entender las cosas que tendrás que saber más tarde, sin importar lo que llegues a ser.

VERSÍCULO CLAVE: *El corazón del entendido adquiere conocimiento, y el oído de los sabios busca el conocimiento (Proverbios 18:15).*

VERSÍCULOS RELACIONADOS: *Eclesiastés 7:11, 12*

NOTA A LOS PADRES: *Ustedes pueden divertirse con esto, discutiendo sobre diferentes ocupaciones y mostrando cómo en cada una de ellas se usan las matemáticas. Explíqueles la importancia de las matemáticas en su trabajo, en su hogar y en el resto de su vida. Por ejemplo, si tiene una cuenta de ahorros o cheques en el banco, explíqueles lo que tiene que hacer para conciliar su cuenta. (Además, puede mostrarles cómo dividir las responsabilidades en el hogar mostrándoles los factores involucrados al tomar sus decisiones.)*

P: ¿POR QUÉ DEBEMOS APRENDER GEOGRAFÍA E HISTORIA?

¡MAMÁ! ¿CÓMO ES QUE EN ESTE GLOBO TERRÁQUEO NO HAY UN LETRERO QUE INDIQUE:

"USTED ESTÁ AQUÍ"?

91

R: La geografía te ayuda a aprender acerca del mundo y te da información acerca de tu propio país, así como de otros países y de sus ciudadanos. En estos días la gente viaja más que nunca. Es posible que algún día tú puedas visitar un país del cual hayas estudiado. ¿No sería fascinante? Por medio del Internet, la televisión, y otros medios de comunicación, la gente de todo el mundo parece estar más cerca. La historia también es una materia importante. Nos da lecciones sobre el pasado que debemos aprender para no repetir los mismos errores que nuestros antepasados.

VERSÍCULO CLAVE: *Estas cosas les acontecieron como ejemplos y están escritas para nuestra instrucción, para nosotros sobre quienes ha llegado el fin de las edades (1 Corintios 10:11).*

VERSÍCULOS RELACIONADOS: *Deuteronomio 4:9; Salmo 106:7, 8*

PREGUNTA RELACIONADA: *¿Cuál es el propósito de la historia?*

NOTA A LOS PADRES: *Una manera de enseñarles a nuestros hijos sobre la importancia de estas materias es hablándoles de nuestros ancestros. Dónde vivieron, y qué sucedía en el mundo en ese tiempo. También puede hablarles de que cuando usted era niño hubo cierta materia que a usted no le gustaba mucho, pero que su estudio resultó finalmente importante para su vida.*

P: ¿POR QUÉ LAS CALIFICACIONES SON TAN IMPORTANTES?

92

R: Los exámenes y las calificaciones ayudan a los maestros a darse cuenta de cuáles estudiantes han aprendido. Las calificaciones también ayudan a los estudiantes y a sus padres a darse cuenta de qué tan bien van los niños en la escuela. Usa tus calificaciones como herramientas para ayudarte a ti mismo a ver en qué áreas necesitas estudiar más. Recuerda que las calificaciones no hacen ni mejores ni peores a las personas. Más importante que las calificaciones es saber si estás haciendo las cosas lo mejor que puedes y aprendiendo todo el material.

VERSÍCULO CLAVE: *Procura con diligencia presentarte a Dios aprobado, como obrero que no tiene de qué avergonzarse, que traza bien la palabra de verdad (2 Timoteo 2:15).*

PREGUNTAS RELACIONADAS: *¿Necesito sacar buenas calificaciones? ¿Qué diferencia hay entre un excelente y un reprobado? ¿Aun en los momentos más difíciles de la vida debo hacer siempre lo mejor?*

NOTA A LOS PADRES: *A algunos niños se les tiene que llamar constantemente la atención por sus calificaciones, y necesitan ser animados a esforzarse más. Otros niños en cambio, obtienen excelentes calificaciones sin el menor esfuerzo; estos niños más bien deben ser desafiados a trabajar un poco más que los demás. Aun otros estudiantes pueden estar obsesionados por obtener buenas calificaciones y se sienten devastados con un 80. Tal vez ellos necesitan un poco de ánimo para que dejen de preocuparse excesivamente por las calificaciones. En cualquier categoría que sus hijos se encuentren dígales que la calificación es solamente una herramienta, no la meta a la cual deben llegar.*

P: ¿POR QUÉ LA GENTE COPIA A OTROS?

93

R: Las personas hacen trampa porque son flojas, y no quieren esforzarse para terminar la tarea o estudiar para un examen. El copiar no es correcto porque es como mentir. La gente hace trampa en otras áreas, no solo en la escuela. Algunos lo hacen en los juegos. Otros lo hacen con el dinero; y otros no son honestos con sus amigos. Los niños que hacen trampa copiando a otros se privan de aprender. Entonces tienen que volver a copiar a otros. Después de un tiempo, la gente que copia o hace trampa pierde la confianza en sí misma y la habilidad para aprender cualquier cosa. No seas tramposo; te defraudarás a ti mismo.

VERSÍCULO CLAVE: *El que es fiel en lo muy poco también es fiel en lo mucho, y el que en lo muy poco es injusto también es injusto en lo mucho (Lucas 16:10).*

VERSÍCULOS RELACIONADOS: *Proverbios 11:1; 20:23*

PREGUNTAS RELACIONADAS: *¿Puedes copiar solo una respuesta en un examen? ¿Por qué algunas personas que copian en los exámenes nunca son sorprendidas? ¿Por qué no puedo ayudar a mi mejor amigo en su examen de matemáticas?*

NOTA A LOS PADRES: *Para los niños es fácil caer en este feo hábito. Si han sorprendido a su hijo copiando no permita que se justifique, y que el hecho pase desapercibido. No racionalice que fue solo una vez. Tampoco piense que con una conversación resolverá el problema. Dé a su hijo algún castigo por copiar. Luego vuelva al asunto varias veces durante los siguientes meses hasta que esté seguro de que ha aprendido la lección y que tiene la firme determinación de no volver a copiar a otros.*

Asuntos de materias-El éxito en los estudios

P: ¿CÓMO PUEDO MEJORAR EN LA CLASE DE ORTOGRAFÍA?

94

R: La manera de mejorar en cualquier clase es con el estudio y la práctica. Tú puedes mejorar en ortografía si revisas varias veces las palabras que te han asignado. Pídele a alguien que te dicte las palabras para revisar si ya las sabes. Tus padres estarán felices de poder ayudarte. Leer también te ayudará porque tendrás la oportunidad de ver muchas palabras escritas en forma correcta. Si estás trabajando en una computadora trata de no usar enseguida la ayuda electrónica que te ofrece para revisar la ortografía, más bien detente por un minuto y revisa la palabra antes y después de corregirla. Pídele a tus padres que revisen tus tareas antes de que las entregues. Si tú sigues estos pasos cada vez que escribes algo, tu ortografía mejorará notablemente.

VERSÍCULO CLAVE: *Donde no hay consulta los planes se frustran, pero con multitud de consejeros, se realizan (Proverbios 15:22).*

NOTA A LOS PADRES: *No regañe a sus hijos si tienen dificultades con la ortografía. Algunos niños tienen más facilidad que otros para esta asignatura. Los niños necesitan adquirir un dominio del arte del lenguaje, pero esto debe hacerse en cierta forma divertida para ellos. Pase un buen tiempo con sus hijos para que repasen juntos la ortografía de las palabras, y ayúdelos a encontrar un método de revisión que funcione bien para ellos.*

P: LOS NIÑOS A MI ALREDEDOR ME METEN EN PROBLEMAS, ¿QUÉ PUEDO HACER?

95

R: Primero, tú puedes ignorar a estos niños. Si no les prestas atención, probablemente dejarán de intentar querer convencerte de hacer algo que no es correcto. Si esto no funciona, habla con tu maestro y pídele que te cambie de lugar. Para que puedas lograr lo mejor de cada clase, tú necesitas estar quieto y escuchar atentamente al maestro. Recuerda que nadie puede *obligarte* a hacer algo que no es correcto o a quebrantar las reglas. Algunos niños te pueden *presionar,* pero al final eres *tú* el que toma la decisión. Decide que tú harás lo que es correcto sin importar lo que los demás a tu alrededor te hagan, te digan, o te presionen. Y que además pondrás lo mejor de tu parte para enfocar tu atención en los estudios.

VERSÍCULO CLAVE: *Apártate del hombre necio, porque en él no encontrarás los labios del saber (Proverbios 14:7).*

VERSÍCULO RELACIONADO: *Salmo 35:11*

NOTA A LOS PADRES: *El primer reto es descubrir si el problema lo están causando los demás niños o el suyo. No tema pedir al maestro que cambie a su hijo a otro lugar, sin importar quien haya empezado el problema. Ayude a su hijo a entender que la excusa: "ellos me obligaron a hacerlo", no es válida. El niño necesita aprender que es responsable de sus actos y que sus padres lo harán responsable por ello. El saber esto lo motivará a mantenerse alejado de problemas.*

P: YO QUIERO SACAR 100, PERO MIS AMIGOS DICEN QUE TENER BUENAS CALIFICACIONES ES UNA TONTERÍA. ¿QUÉ DEBO HACER?

96

R: Siempre es bueno hacer lo que es correcto y hacer las cosas lo mejor que puedas sin importar lo que los demás piensan o digan. Algunos niños se burlan de aquellos que obtienen buenas calificaciones, porque ellos no quieren trabajar duro para obtenerlas. Otros pueden pensar que no es popular parecer demasiado inteligente. Están equivocados. Hacer lo mejor en la escuela es realmente popular. Hacer lo mejor ahora, te ayudará a hacerlo también en la escuela secundaria y en la universidad, y por consecuencia te irá bien en la vida adulta. Los niños que piensan que obtener buenas calificaciones no es muy popular pueden creer que, de alguna manera, están defraudando al sistema escolar, pero ellos están solamente defraudándose a sí mismos.

VERSÍCULO CLAVE: *¿De qué sirve el dinero en la mano del necio para adquirir sabiduría, si no tiene entendimiento? (Proverbios 17:16).*

VERSÍCULOS RELACIONADOS: *Proverbios 1:20-23; 9:12*

NOTA A LOS PADRES: *Este asunto puede ser un problema para los niños talentosos. A veces ellos sacan malas calificaciones a propósito porque temen el rechazo de sus compañeros. El apoyo de los padres, y la amistad con otros niños deseosos de sobresalir en la escuela les puede ayudar a resolver este problema. Algunas veces los compañeros darán gran valor el hecho de ir mal en la escuela. Por esta razón la participación de los padres es muy importante. Dígales a sus hijos que usted espera lo mejor de ellos, sin importar lo que otros piensen o digan. Por supuesto sus hijos no tienen que publicar ni gritar sus calificaciones a los cuatro vientos. Anímelos a no hacer ninguna de estas cosas.*

P: CUANDO LOS NIÑOS PIERDEN MUCHOS DÍAS DE ESCUELA, ¿CÓMO LOGRAN PASAR?

97

R: Cualquiera que pierde muchos días de escuela va a tener que trabajar muy duro para ponerse al corriente con sus clases. Los niños que se enferman o salen de la ciudad algunas veces reciben ayuda de instructores privados. Cuando hay una razón valiosa para faltar a la escuela, los maestros le darán a tus padres las asignaturas para que las hagas mientras dura tu ausencia. De esta manera, los niños pueden hacer la tarea en casa y no quedarse atrás en la clase. Los padres también pueden ayudar enseñándoles ellos mismos a sus hijos.

VERSÍCULO CLAVE: *¡Adquiere sabiduría! ¡Adquiere entendimiento! No te olvides ni te apartes de los dichos de mi boca (Proverbios 4:5).*

NOTA A LOS PADRES: *Si sus hijos tocan este tema, explíqueles que el hecho de que algunos niños estén fuera de la escuela no significa necesariamente que no están haciendo su trabajo escolar.*

P: ¿POR QUÉ DEBEMOS ESTUDIAR COMPUTACIÓN?

98

R: Las computadoras han llegado a ser una parte importante de nuestra sociedad, y cada vez es más sencillo usarlas. Casi todos los negocios usan computadoras, desde supermercados hasta talleres mecánicos. Usando las computadoras, la gente puede ir aprendiendo más y más acerca de casi todo lo que hay que saber. Por lo tanto el estudiar computación cada vez es más importante. No hay duda de que las computadoras serán parte de la vida de muchos adultos. La gente que sabe manejar las computadoras obtendrá buenos empleos y podrá ayudar a otros.

VERSÍCULO CLAVE: *Los sabios atesoran el conocimiento, pero la boca del insensato es calamidad cercana (Proverbios 10:14).*

VERSÍCULOS RELACIONADOS: *Proverbios 15:14; 18:15*

PREGUNTAS RELACIONADAS: *¿Por qué la gente necesita escribir a máquina? ¿Por qué nunca jugamos juegos en las computadoras? ¿Por qué casi no nos permiten usar la computadora, y cuando lo hacemos es solo por un corto tiempo?*

NOTA A LOS PADRES: *La mayoría de las escuelas que tienen computadoras no tienen la cantidad suficiente para que todos los alumnos practiquen. Quizá su hijo desea tener mayor acceso a una computadora, o a lo mejor usted quiere eso para ellos. Si no tiene una computadora en casa investigue con la biblioteca pública u otros lugares donde puedan tener acceso gratuito a las computadoras.*

SALVADO POR LA CAMPANA

Elección de otras actividades

P: ¿POR QUÉ ALGUNA GENTE PIENSA QUE EL INTERNET ES MALO?

99

R: El Internet tiene un sinfín de páginas de información de todo tipo, y estas se siguen expandiendo cada día. El Internet puede ser una herramienta maravillosa para encontrar información y hechos sobre casi todo. Desafortunadamente no toda la información es buena. Algunas personas cuentan mentiras en el Internet, y ciertas páginas tienen escenas terribles. Cuando la gente lee sobre estas cosas malas piensan que todo en el Internet es malo. Sin embargo el Internet es una herramienta así como lo es un cuchillo. El cuchillo tiene muchos usos buenos como cortar y mondar, pero también se lo puede usar con maldad. Lo mismo podemos decir de la televisión que aunque nos sirve de entretenimiento y nos provee de mucha información, también puede promover los valores morales bajos y las malas acciones. Como toda herramienta, el Internet puede ser usado para bien o para mal. Asegúrate que tú lo usas para bien.

VERSÍCULO CLAVE: *Por tanto, ya sea que comáis o bebáis, o que hagáis otra cosa, hacedlo todo para la gloria de Dios (1 Corintios 10:31).*

NOTA A LOS PADRES: *Ayude a sus hijos a entender que el Internet les puede proveer de aventuras buenas, pero también peligrosas. Si tiene computadora en casa con acceso al Internet, asegúrese de supervisar el uso que sus hijos hacen del mismo, así como lo hace con la televisión.*

P: ¿POR QUÉ NO TENGO SUFICIENTE TIEMPO PARA JUGAR?

ME HE DADO CUENTA DE QUE DENTRO DE MI HORARIO DE ACTIVIDADES NO TENGO SUFICIENTE TIEMPO PARA JUGAR. TEMO QUE MIS TAREAS EN CASA VAN A TENER QUE DESAPARECER.

100

R: Los horarios se llenan de actividades, de lecciones privadas, de las prácticas deportivas, del trabajo escolar. Algunas veces nos parece que no hay tiempo para jugar. Si esto es un problema para ti habla con tus padres acerca de ello. Después de que hayas hecho tus tareas escolares y otras actividades asignadas debe haber tiempo para jugar. Si tu horario está repleto de cosas para hacer, tú y tu familia pueden hablar sobre la posibilidad de eliminar algunas actividades.

VERSÍCULO CLAVE: *Todo tiene su tiempo, y todo lo que se quiere debajo del cielo tiene su hora (Eclesiastés 3:1).*

NOTA A LOS PADRES: *En estos días los niños están más ocupados que nunca. Los maestros les encargan hacer mucha tarea, los entrenadores los citan para muchas prácticas deportivas, y los padres quieren que se involucren en muchas otras actividades, tal pareciera que el tiempo para el recreo se ha minimizado. Pero el juego es una parte importantísima para la creatividad de un niño, y una buena manera de reducir la tensión. Tenga cuidado de no sobrecargar el horario de sus hijos con actividades innecesarias. Y recuerde que el juego es importante también para los adultos. Trate de que su familia tenga un tiempo cada semana para relajarse y jugar juntos.*

P: ¿POR QUÉ NO TENEMOS CLASE DE GIMNASIA TODOS LOS DÍAS?

101

R: Cada escuela tiene su propio horario. Y este depende de muchos factores: el número de estudiantes, las clases requeridas que cada estudiante necesita, el número de maestros, el número de salones disponibles, etc. Sería divertido tener clase de gimnasia todos los días, pero tal vez eso no es posible que suceda en tu escuela. Después de clases o durante el fin de semana puedes formar parte de un equipo deportivo, tomar lecciones de natación o hacer otra cosa que te agrade. Todas estas cosas las puedes disfrutar con amigos o con tu familia.

VERSÍCULO CLAVE: *Porque el ejercicio físico para poco aprovecha; pero la piedad para todo aprovecha, pues tiene promesa para la vida presente y para la venidera (1 Timoteo 4:8).*

NOTA A LOS PADRES: *Esta pregunta puede resultar del hecho de que los niños están llenos de energía y necesitan el ejercicio físico. Organizar algunos juegos deportivos y jugar con los amigos puede ayudar a suplir esta necesidad.*

P: CUANDO ESTÁS EN CASA EN EL VERANO Y NO HAY NADIE MÁS ALREDEDOR, ¿QUÉ PUEDES HACER PARA DIVERTIRTE?

102

R: Usa tu imaginación. Puedes plantar un jardín, coleccionar piedras o insectos, tomar fotos, o ver si encuentras nuevos amigos en tu vecindario. Puedes ir a la biblioteca a leer revistas y libros o a usar las computadoras, si las hay. Puedes organizar una venta de cosas usadas. Puedes preguntar a tus padres en qué podrías ayudar en la casa. Quizás estas sugerencias te ayuden a encontrar otras ideas para mantenerte ocupado durante el verano.

VERSÍCULO CLAVE: *Por eso yo elogio la alegría, pues el hombre no tiene debajo del sol mejor bien que comer, beber y alegrarse. Esto le acompañará en su duro trabajo durante los días de su vida que Dios le ha dado debajo del sol (Eclesiastés 8:15).*

PREGUNTA RELACIONADA: *¿Qué cosas buenas puedes hacer cuando no estás en la escuela?*

NOTA A LOS PADRES: *Cuando los niños están aburridos, algunos padres solo les dicen que busquen algo para hacer, y hasta pueden decirles cosas como: "solo los aburridos se aburren". Es mejor hacer alguna sugerencia específica y ayudarlos a encontrar algo que hacer en su hogar. Ayúdelos a que ellos mismos aporten sus propias ideas. Hágales preguntas y muéstreles cómo hacer una selección a través de una lista mental de opciones.*

P:

MIS PADRES DESEAN QUE YO JUEGUE FÚTBOL (SOCCER), PERO A MÍ NO ME GUSTA, ¿QUÉ DEBO HACER?

103

R: Seguramente tus padres tienen una buena razón al pedirte que juegues fútbol (soccer). Quizá quieren que aprendas a jugar en equipo y a mantenerte en buena condición física por medio de practicar algún deporte. Dale una oportunidad al deporte. Si después de intentarlo ves que no te gusta, habla con ellos. Explícales respetuosamente cómo te sientes. Sugiéreles otras opciones, tales como jugar otro deporte, pertenecer a un club, algo que tú disfrutes más. Es bueno que aprendas diferentes habilidades. El fútbol (soccer) o lo que estés aprendiendo ahora, puede no ser tu actividad favorita, pero si te esfuerzas un poco hasta el fin de la temporada aprenderás algo y obtendrás una habilidad más que puedes usar en el futuro. Tus padres atenderán mejor tu pedido de cambio si saben que diste el 100 por ciento antes.

VERSÍCULOS CLAVE: *Hijos, obedeced en el Señor a vuestros padres, porque esto es justo.* Honra a tu padre y a tu madre *(que es el primer mandamiento con promesa),* para que te vaya bien y vivas largo tiempo sobre la tierra *(Efesios 6:1-3).*

PREGUNTAS RELACIONADAS: *¿Puedo participar en fútbol (soccer) y béisbol a la vez? ¿Cuál es un buen deporte para jugar?*

NOTA A LOS PADRES: *No es fácil saber cuándo hay que empujar a nuestro hijo a hacer algo y cuándo hay que dejarlo tomar sus propias decisiones. Piense en diferentes opciones que llenen los objetivos de aprendizaje que usted tiene para su hijo y luego déjelo escoger. No se rinda la primera vez que su hijo se queje acerca de una actividad, pero evite empujarlo a algo que realmente le disgusta. Recuerde que usted está buscando maneras de suplir las necesidades de su hijo, no las suyas.*

P: ME GUSTA TOCAR EL PIANO, PERO ME FASTIDIA TENER QUE PRACTICAR, ¿DEBO DEJARLO?

104

R: Para llegar a ser bueno en algo se requiere mucha práctica. Por lo general las prácticas no son muy divertidas, pero son necesarias. Sigue practicando, no desistas. Cuando seas suficientemente bueno para tocar la música que a ti te gusta, entonces te divertirás tocando el piano. Esto funciona de la misma manera en otras áreas de la vida. Posiblemente habrás escuchado que la práctica lleva a la perfección. Esto significa que entre más practiques, mejor llegarás a ser.

VERSÍCULO CLAVE: *No nos cansemos, pues, de hacer el bien; porque a su tiempo cosecharemos, si no desmayamos (Gálatas 6:9).*

VERSÍCULOS RELACIONADOS: *Salmo 119:34; 1 Corintios 9:25*

NOTA A LOS PADRES: *Si a sus hijos les gusta el piano, pero no quieren practicar, esto le dará la oportunidad de enseñarles disciplina personal. Si sus hijos odian el instrumento, los recitales, y la práctica, tal vez usted necesita encontrar otra manera de que ellos tengan contacto con la música. Quizá prefieran tocar otro instrumento, o tal vez simplemente quieran disfrutar escuchando la música o asistiendo a algún concierto.*

P: ¿POR QUÉ MIS PADRES QUIEREN QUE ME INVOLUCRE EN TANTAS ACTIVIDADES?

105

R: Tus padres te aman y quieren lo mejor para ti. Ellos desean que tú tengas experiencias que te ayuden a madurar y a ser una persona bien informada. Como ellos no saben con certeza en qué área tú serás muy bueno, o cuál será tu mayor interés cuando seas grande, ellos quieren que pruebes diferentes actividades. Puedes aprender mucho a través de las lecciones de música, el coro de la iglesia, deportes y otras actividades fuera de la escuela. Todo lo que aprendas te ayudará a disfrutar más de la vida. Da gracias de que tus padres están tratando de ayudarte a aprender lo más que puedas.

VERSÍCULOS CLAVE: *Hijos, obedeced a vuestros padres en todo, porque esto es agradable en el Señor. Padres, no irritéis a vuestros hijos, para que no se desanimen (Colosenses 3:20, 21).*

VERSÍCULO RELACIONADO: *Proverbios 23:22*

NOTA A LOS PADRES: *Los niños que hacen esta pregunta posiblemente estén sobrecargados de actividades. El involucrar a los niños en demasiadas actividades es peligroso por la tensión que les puede crear. Los niños necesitan, aun más que los adultos, tiempo para relajarse y jugar. Tal vez usted debiera evaluar la cantidad y clase de actividades en las que espera que sus hijos participen.*

P: ¿POR QUÉ EL ENTRENADOR SE PREOCUPA TANTO POR GANAR? ASÍ YA NO ES DIVERTIDO.

106

R: Algunas veces el ganar es muy importante para ciertas personas. En la actualidad, ser el número uno parece ser lo más importante. Los entrenadores y los padres pueden ser atrapados por esta presión. Es bueno ganar, pero también es importante divertirse jugando algún deporte. Si para tu equipo el ganar es más importante que jugar, habla con tus padres. Luego ellos pueden conversar con el entrenador. Si nada cambia, puedes pedir ayuda a tus padres para cambiarte a otro equipo.

VERSÍCULO CLAVE: *Así que he visto que no hay cosa mejor para el hombre que alegrarse en sus obras, porque esa es su porción. Pues, ¿quién lo llevará para que vea lo que ha de ser después de él? (Eclesiastés 3:22).*

NOTA A LOS PADRES: *A una temprana edad la presión de tener que ganar, usualmente, no es buena. Si sus hijos son competitivos esto puede no ser un problema. Pero la mayoría de los niños están más interesados en jugar que en ganar. El exponerlos a un entrenador que los presiona demasiado puede acabar con el interés en ese deporte. La mejor solución tal vez sería cambiarlo a otro equipo.*

P: ¿CÓMO PUEDO MEJORAR EN EL ARTE?

R: Si tienes talento para el arte, de la misma
manera como lo logras en cualquier otra cosa,
por medio de la práctica, tú puedes mejorar.
Y para lograrlo tienes que hacer una variedad de
proyectos. Sugiéreles a tus padres que para tu cum-
pleaños o para Navidad te regalen algunos materiales
para hacer trabajos de arte. Además encuentra
maneras creativas de usar las cosas que ellos ya no
necesitan, como revistas usadas, cajas de cartón, etc.
Pasa algún tiempo dibujando. Pregúntale al maestro
de la escuela dominical si conoce de alguien en la
iglesia que sabe de arte, que pueda enseñarte algunas
clases. También puedes pedirle a tus padres que
averigüen si en la comunidad hay algún lugar que
ofrezca clases de arte que tú pudieras tomar.

VERSÍCULO CLAVE: *Porque a todo el que tiene le será dado, y tendrá en abundancia; pero al que no tiene, aun lo que tiene le será
quitado (Mateo 25:29).*

VERSÍCULO RELACIONADO: *Efesios 6:7*

NOTA A LOS PADRES: *Cuando un niño muestra gran interés en
el arte o en la música, papá y mamá deben buscar la mejor
manera de desarrollar ese talento. Tal vez en algún otro lugar
de la comunidad, fuera de la escuela, ofrezcan clases o semina-
rios de arte donde los niños, aun los más pequeños, pueden
participar y desarrollar sus habilidades.*

P: YO DESEO ESTAR CON MIS AMIGOS. ¿POR QUÉ TENEMOS QUE IR TANTO AL TEMPLO?

R: Los cristianos van al templo para adorar a Dios, estudiar la Biblia, y para tener compañerismo con otras personas que también creen en Jesús. El templo es un lugar muy especial donde tú puedes aprender más del amor de Dios y cómo agradarle con tu vida. Pero en las iglesias también se organizan clubes y otras actividades para los niños. Recuerda que tú puedes traer a tus amigos al templo, y que también en el templo puedes conocer nuevos amigos.

VERSÍCULO CLAVE: *Yo me alegré con los que me decían: "¡Vayamos a la casa de Jehovah!" (Salmo 122:1).*

VERSÍCULO RELACIONADO: *Salmo 55:14*

NOTA A LOS PADRES: *Sea más sensible en cuanto a la idea de que usted y su familia deben estar en el templo cada vez que este esté abierto. En alguna ocasión y por el bien de su familia usted tendrá que faltar a alguna actividad o programa. Sin embargo, no piense que la asistencia a los cultos regulares es algo opcional. Haga que la adoración a Dios y la educación cristiana de sus hijos sean una parte natural en la vida de su familia. También haga todo lo posible para que la asistencia al templo sea una experiencia placentera para cada miembro de la familia, desde tomar el tiempo suficiente para prepararse antes de ir al templo.*

RECURSOS PARA LOS NIÑOS Y PARA LOS PADRES

**Busque estos recursos
en la librería cristiana
local o pídalos a
www.editorialmh.org**

EDITORIAL

EDITORIAL MUNDO HISPANO
Apartado Postal 4256, El Paso, TX 79914, EE. UU. de A.
7000 Alabama, El Paso, TX 79904
Tel.: (915) 566-9656, Fax: (915) 565-9008
1-800-755-5958 (EE. UU. de A.)

¡Atención padres!

Estos libros contienen respuestas bien pensadas y bíblicas a las preguntas más comunes que los niños hacen.

PACO
Y ANA
APRENDEN...

Es una serie
de libritos
que presenta en forma breve
y amena aquellos valores morales
que fortalecen el carácter
y la vida desde que uno es niño...

La honradez
38587
La obediencia
38588
La amistad
38589
La amabilidad
38590

Editorial Mundo Hispano

PACO Y ANA APRENDEN...

Pueden ser
útiles para:
- regalo o premio
- clases bíblicas en hogares
- clubes bíblicos en el verano

El dominio propio
38591

El valor
38592

El compartir
38593

*El confiar
en Dios*
38594

Editorial Mundo Hispano

Contiene
68 temas
diferentes
que utilizan
los dedos de
la mano para
representar
a los niños y
enseñarles acerca
del amor de Dios.

44009

Puede ser usado por los padres en sus
devocionales diarios con los niños, por los
pastores y maestros bíblicos en el templo
o en los grupos de niños.

Algunos de los temas son:
Dedito y sus hermanos aprenden de Dios
Dedito y los Diez Mandamientos
Dedito aprende a crecer como discípulo
Dedito aprende a orar
Dedito aprende a dedicar su vida a Dios

Editorial Mundo Hispano

LA ALEGRÍA DE CREAR

Guía de actividades manuales

26621

¿Busca un recurso con una gran variedad de ideas prácticas para hacer trabajos manuales sin gastar demasiado dinero?

En este libro encontrará ideas sobre manualidades que son fáciles de elaborar y con materiales que están a la mano...

Es un recurso muy útil para los maestros, los padres, los niños y los jovencitos que quieren experimentar LA ALEGRÍA DE CREAR.

Editorial Mundo Hispano